L'éditeur tient à remercier Robert Thérien qui a gracieusement ouvert l'accès à ses archives pour la réalisation de cet ouvrage.

# LA BUTTE À MATHIEU

VLB ÉDITEUR
Groupe Ville-Marie Littérature inc.
Une compagnie de Quebecor Media
1010, rue de La Gauchetière Est
Montréal (Québec) H2L 2N5
Tél.: 514 523-1182
Téléc.: 514 282-7530
Courriel: vml@sogides.com

Conception graphique et mise en page: Martin Roux
Traitement des images: Mélanie Sabourin
Coordination éditoriale : Laurent Lavigne

Catalogage avant publication de Bibliothèque et Archives nationales du Québec
et Bibliothèque et Archives Canada
Rivière, Sylvain, 1955-
La Butte à Mathieu
ISBN 978-2-89649-009-7
1. Butte à Mathieu (Boîte à chansons) - Histoire. 2. Boîtes à chansons - Québec (Province) - Histoire. I. Mathieu, Gilles, 1933- . II. Titre.
PN1589.C3M37 2010 792.709714 C2010-940586-2

DISTRIBUTEURS EXCLUSIFS:

- Pour le Québec, le Canada et les États-Unis:
  LES MESSAGERIES ADP*
  2315, rue de la Province
  Longueuil (Québec) J4G 1G4
  Tél.: 450 640-1237
  Téléc.: 450 674-6237
  * filiale du Groupe Sogides inc., filiale du Groupe Livre Quebecor Media inc.

- Pour la France et la Belgique:
  Librairie du Québec / DNM
  30, rue Gay-Lussac
  75005 Paris
  Tél.: 01 43 54 49 02
  Téléc.: 01 43 54 39 15
  Courriel: direction@librairieduquebec.fr
  Site Internet: www.librairieduquebec.fr

- Pour la Suisse:
  TRANSAT SA
  C. P. 3625, 1211 Genève 3
  Tél.: 022 342 77 40
  Téléc.: 022 343 46 46
  Courriel: transat@transatdiffusion.ch

Pour en savoir davantage sur nos publications,
visitez notre site: www.edvlb.com
Autres sites à visiter: www.edhexagone.com • www.edtypo.com
www.edjour.com • www.edhomme.com • www.edutilis.com


Dépôt légal: 4e trimestre 2010
Bibliothèque et Archives nationales du Québec, 2010
Bibliothèque et Archives Canada

ISBN 978-2-89649-009-7

Photos
p. 1 : la Saint-Jean-Baptiste en 1970.
p. 6-7 : en attendant le spectacle.
p. 8-9 : jeune client au guichet.
p. 10-11 : Jean-Guy Moreau accompagné par François Cousineau en juin 1974.

Sylvain Rivière
*et* Gilles Mathieu

# LA BUTTE À MATHIEU

vlb éditeur

# PLAN DU SITE DE LA BUTTE À MATHIEU

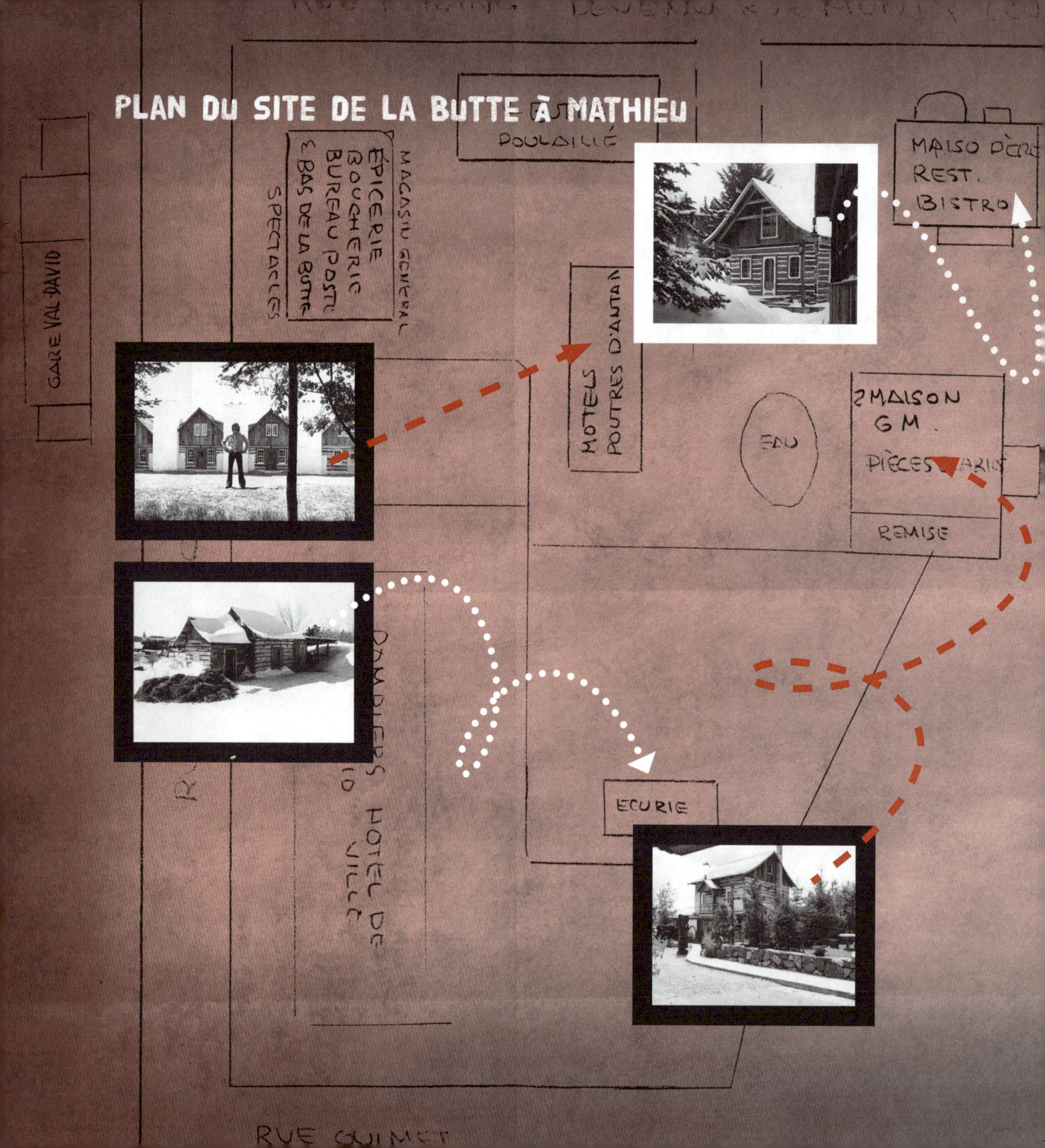

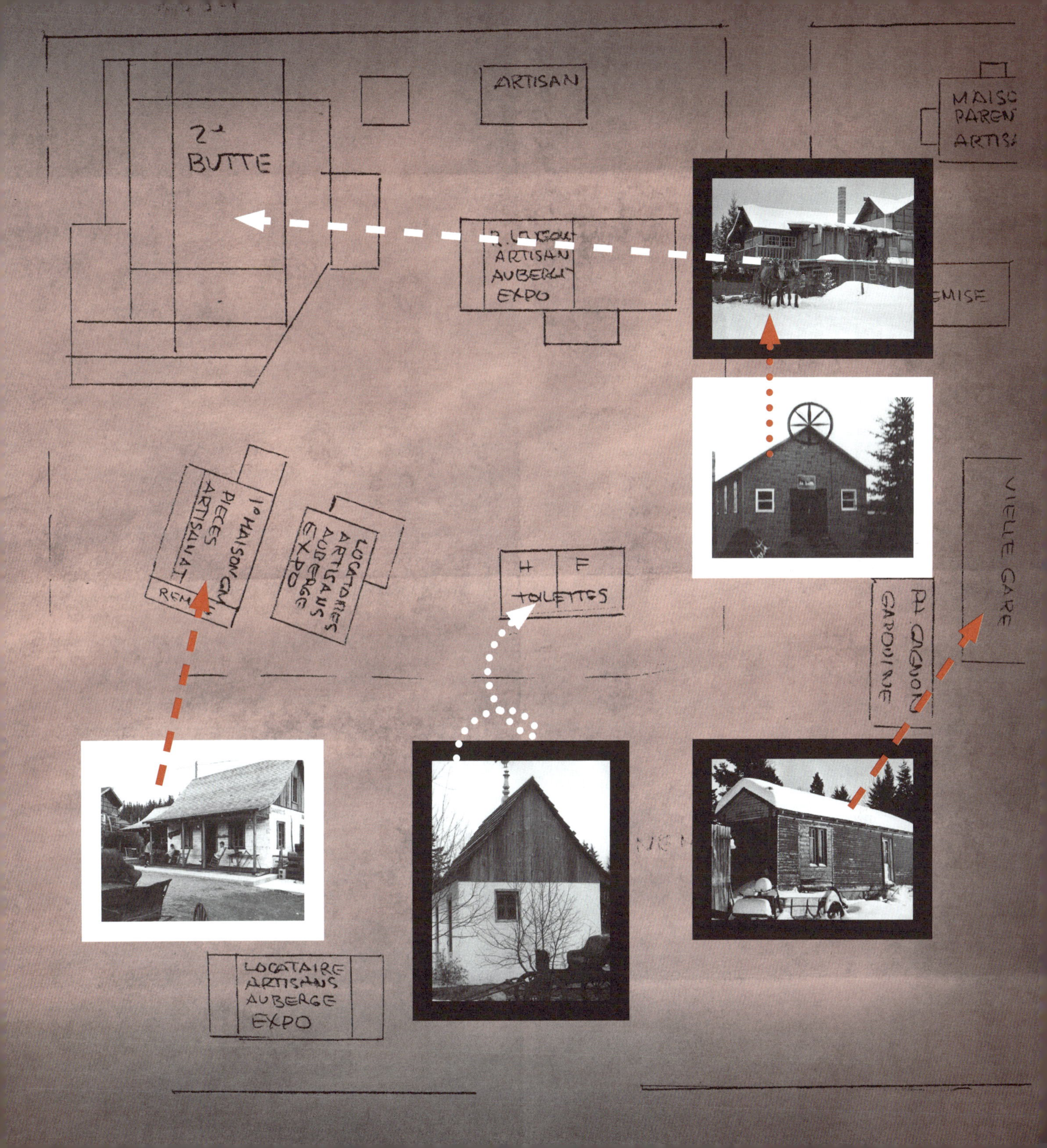

2e BUTTE
ARTISAN
ARTISAN
EXPO
1e MAISON
PIECES
ARTISANAT
LOCATAIRES
ARTISANS
AUBERGE
EXPO
H F
TOILETTES
VIEILLE GARE
LOCATAIRE
ARTISANS
AUBERGE
EXPO

## LA BOITE À CHANSONS

UNE BOITE À CHANSONS C'EST COMME UNE MAISON C'EST COMME UN COQUILLAGE
ON Y ENTEND LA MER
ON Y ENTEND LE VENT
VENU DU FOND DES ÂGES

ON Y ENTEND BATTRE LES CŒURS À L'UNISSON
ET L'ON Y VOIT TOUTES LES COULEURS DE NOS CHANSONS
ON Y ENTEND BATTRE LES CŒURS À L'UNISSON
ET L'ON Y VOIT TOUTES LES COULEURS DE NOS CHANSONS

UN MOT PARMI LES HOMMES
COMME UN GRAND FEU DE JOIE
UN VIEUX MOT QUI RÉSONNE
UN MOT QUI DIRAIT TOUT
ET QUI FERAIT SURTOUT
QUE LA VIE NOUS SOIT BONNE
C'EST CE VIEUX MOT QUE JE M'EN VAIS CHERCHER POUR TOI
UN MOT DE PASSE QUI NOUS FERAIT TROUVER LA JOIE
C'EST CE VIEUX MOT QUE JE M'EN VAIS CHERCHER POUR TOI
UN MOT DE PASSE QUI NOUS FERAIT TROUVER LA JOIE

IRAI-JE JUSQU'À VOUS
VIENDREZ-VOUS JUSQU'À MOI
EN CE LIEU DE RENCONTRE
LÀ OÙ NOUS SOMMES TOUS
JOUANT CHACUN POUR SOI
LE JEU DU POUR OU CONTRE

TU ENTENDRAS BATTRE MON CŒUR ET MOI LE TIEN
SI TU ME DONNES TA CHALEUR MOI MON REFRAIN
TU ENTENDRAS BATTRE MON CŒUR ET MOI LE TIEN
SI TU ME DONNES TA CHALEUR... MOI MON REFRAIN !

GEORGES DOR

# PRÉFACE

lutte

## AU COMMENCEMENT ÉTAIT LA BUTTE À MATHIEU

Toujours à la barre d'un bateau octogénaire que la mer a eu la bonté d'endurer, me faire demander d'écrire ce que représente pour moi la Butte à Mathieu, née à Val-David en 1959, c'est un peu beaucoup venir tordre le bras de ma mémoire. Une mémoire qui, pourtant, déborde pour cause de trop-plein vu son âge avancé.

Un intrépide loup de mer, de ciel ou de terre, par l'habitude qu'il a d'avoir à toujours lancer ses yeux dans mille directions pour des raisons de savoir-durer, peut très bien accepter sans rechigner de raconter au monde des alentours des choses connues et vécues au temps de ses premiers matins d'avant l'eau du large.

La Butte à Mathieu ?… C'est un lieu que j'ai envie de baptiser à l'aide de trois noms : Boîte-Cabaret-Théâtre. Une sorte de chapelle conçue à même un genre de maison à lucarnes sortie d'un autre siècle. Toute en bois des pieds à la tête, couleur *charcoal*, avec des veines dévorées par le temps. Dans mon rétroviseur je revois nettement une grosse cabane dont la première vocation fut d'avoir servi de boîte à portes et châssis avant de servir de boîte à paroles et musique.

C'est par pur enchantement que j'y ai chanté vers 1965. Les curieux veulent-ils vraiment savoir la couleur d'un événement, pour moi historique, qui m'a permis de plonger dans une eau de source des plus naturelles, une eau qui a su m'apprendre à rouler mes rêves jusqu'à un certain fleuve capable de mirer un ciel taillé à ma mesure ? Comme a déjà dit René Lévesque : « Attendez que je me rappelle… »

Au lendemain de 1960, j'étais un revenant de Paris portant trois bébés littéraires dans les bras. Trois trésors intimes qui furent proposés à l'espace public pour fin de connaissance : un téléthéâtre *La grand-gigue*, un recueil de poèmes *Demain les herbes rouges* et un roman *Un homme en laisse*, qui fut honoré par un prix inespéré de la Belle Province, prix offert des mains mêmes de M. Georges-Émile Lapalme. Ces bébés ont tous eu ceci de bon qu'ils ont contribué à mon retour à la chanson. Pour la compréhension, voici comment : avant Paris, j'avais remporté le grand prix de la Chanson canadienne avec *La folle* et fait un microsillon de 14 chansons chez Pathé-Marconi, un long jeu sur lequel ma voix craintive avait laissé ses traces avec des titres comme *La Pitro*, *C'est mon œil*, *Ce grand amour*, *La parenté*, etc. Après Paris et des expériences vécues à bout d'espérance et d'innocence, j'ai retrouvé Montréal comme on se retrouve devant une fourmilière. Ayant alors senti l'immense besoin d'un

▲ Deuxième Butte à Mathieu, au début de 1960.

la butte
PHILIPS
CET-BARRIER

grand coup de pied – envers et contre tout – , j'ai sorti ma guitare de son coin de pénitence et lui ai demandé de faire le miracle d'accompagner quelques nouvelles chansons : quelques-unes exprimant mon nouvel amour pour une femme tombée du ciel et quelques autres exprimant mes bonnes vieilles racines outaouaises. (Écrits à la faveur d'un souffle rafraîchi, ces nouveaux poèmes chantés s'étaient vu donner les plus beaux titres : *Tu m'as mis au monde*, *En ton pays*, *Le carême s'en vient*, *La grondeuse*…)

Le miracle de ma guitare s'étant produit, voilà qu'un vent frais a traversé mon corps jusqu'à le propulser, sans plus d'avis, sur la scène de la Butte à Mathieu. Comment comprendre que le seul mot « poésie » puisse à ce point vous motiver ? Il est vrai que dans ma caboche, je me disais : « Si Claude Léveillée et Raymond Lévesque sont passés par là, c'est pas une raison pour qu'ils me fassent de l'ombre. » Alors, j'ai sauté, comme pour une clôture.

Ce soir-là, Gilles Mathieu m'avait rassuré : « Ça va être plein… Le monde t'attend avec tes nouveautés. » Sur la scène minuscule d'une vraie boîte à chansons, ce fut le moment terrible d'une totale mise à nu. La salle était pleine pour vrai… Avant qu'on souffle les chandelles et qu'on éteigne les fanaux agrippés aux murs, je voyais des visages connus comme les Miron, les Giguère, les Bellefleur, et cela m'enrichissait de papillons. Pas de chaise, à la manière de Félix Leclerc, debout comme Harry Belafonte, micro branlant sous le nez, comme il se doit, maigre rayon de soleil tombant du plafond. À ma droite, Pierre Brabant, collé à un piano sans queue, faute d'espace ; presque dans mon dos, Michel Donato, accoté sur une contrebasse cent fois plus grosse que ma guitare. Et, à défaut de velours, un rideau de coton noir en toile de fond. Voilà, sans rire, le portrait réel, sans maquillage ni menteries, d'un tour de chant donné avec le meilleur de mon cœur en feu.

Soirée mémorable pour un jeune barde encouragé par un public en or, mes poésies ayant été chantées sans jamais prendre le champ… Et le tout s'étant terminé par la rigolote *Parenté* offerte en prime grâce à Jacques Labrecque qui s'était glissé en coulisse, à mon insu, et avec la seule intention de me pousser sur la scène pour que je donne en rappel sa chanson préférée.

Au commencement était la chanson québécoise mariée à la Révolution tranquille de Jean Lesage. Par la divine inspiration d'un jeune rêveur fou des Laurentides, Gilles Mathieu, Dame Poésie ouvrait enfin la voie de la voix lyrique à de nombreux talents en herbe, lesquels, pour la plupart, ont grandi jusqu'à la célébrité. La Butte à Mathieu… Mère patrie, Mère porteuse, Mère de famille. Elle fut, à mon sens, le sein béni, le temple premier qui donna vie à cent boîtes à chansons à travers tout le Québec : La Pointe au Café, Le Chat Noir, La Résille, La Source, La Roche à Veillon, La Maison du Pêcheur, La La-La-La. Des boîtes sans boisson, décorées de filets de pêche, de cruches de grès, de nappes à carreaux, de bouteilles de Chianti coiffées d'une incontournable chandelle bavant sa couleur à profusion que veux-tu.

La Butte… Hommage au souvenir lumineux qu'elle m'a laissé en héritage. Ce soir-là, encore une fois, quand j'y ai chanté mes balbutiements, ciel merci, j'étais quand même conscient de quelque chose qui planait plus haut que l'air ambiant de la boîte. Je me souviens. C'était profond. Ça jasait fort par en dedans de ma poitrine. J'essayais, je le jure, de me donner l'assurance que la chanson pouvait avoir le don de voyager plus loin que le public devant elle, plus loin que les murs et toutes les oreilles à l'écoute, ce qui devait lui offrir une raison de vivre étant donné que son destin réel était de ne pas voyager seule à cause de toutes les rencontres à venir. Ma poésie venait donc de prendre un droit de parole plus éloquent que celui du temps de mes plaquettes de poèmes, elle devenait passeuse d'air libre.

Merci la Butte !

Jean-Paul Filion

◀ Entrée de la Butte.

MA CHANSON CHANTE CE QU'ELLE SAIT
ELLE PORTE CARESSE ET ENTAILLE
CHEMIN DE TUF QUI MÈNE À L'EAU
ELLE N'A NI LE POIDS NI LA TAILLE
DES DURES VIES QUI PLIENT LE DOS

VENT DEVANT,
MONIQUE MIVILLE-DESCHÊNES

# AVANT-DIRE

# DE LA CHANSON À RÉPONDRE À LA CHANSON À RÉPANDRE...

Il a bien fallu qu'il y ait un commencement. Que le cri profond, ressoudu du cri primal que l'on ne savait point encore, finisse par venir battre tambour aux temps de la colonie, longtemps après que les martèlements du temps en auront tu la résonance, du moins le croyait-on...

Il a fallu qu'elle consente à quitter les rives d'autrefois à des siècles de mémoire, à fond de cale comme une clandestine, pour finir par venir s'ancrer à portée de vue du pays à faire, cette chanson d'abord à répondre, devenue, à son insu, à grands coups de calendriers échevelés, d'almanachs du peuple et d'agendas à fourbir, la chanson à répandre...

À répandre comme une traînée de poudre sans trop qu'on s'en aperçoive, pour se rappeler d'où l'on venait d'abord, puisqu'on ne débarque pas en pays d'hivernance sans d'abord s'être assuré d'avoir mis au chaud, dans sa poche du haut, à l'ombre du scapulaire et du petit carré de camphre, la chanson de geste qui nous gardera au chaud de nous-même, qui saura parcourir, en temps venu, le territoire pour nous dire et nous nommer, tout en faisant la chasse aux inquisiteurs qui ne manqueraient pas de débarquer avant longtemps.

Comme défait, pas sitôt essouché ce pays-là – que je devrais traiter de continent tout simplement – que la conquête viendra donner encore plus de sens à ces contes et légendes, ces chansons de marine à voiles ou de chasse à courre reconvertie en chasse-galerie pour les besoins de la cause.

Car, si le corps se trouve enchâssé par le nouveau pouvoir en place, l'esprit n'en est pas moins à la liberté et se fait canadien errant en battant semelle à l'aide du violon bandant l'archet sauvé de la Déportation, s'accordant pour un temps à fondre les cuillers du côté de Saint-Denis, repoussant l'ennemi patriotant à tous les vents.

Mais la chanson n'arrive jamais seule. Elle traîne dans ses alveilles tout ce qu'il lui faut d'appartenance pour se suffire à elle-même, puisqu'elle ne peut que rarement compter sur les autres. Elle connaît trop bien la mélodie d'amour qui coupe court en soupirant à tout venant.

Chanson de geste de sur l'empremier ressoudu au travers des rats de cale et du scorbut, des vieux pays au Nouveau-Monde n'ayant conservé que son authenticité, en passant de salon en cuisine et de palais en gorgoton,

◀ Maurice Duplessis, mort peu de temps avant l'ouverture de la Butte. On sort de la période de la Grande noirceur.

rejointe peu après par la force des choses, et son nouvel enracinement devenant politique pour savoir où l'on va, tout en demeurant timide, et ne pavoisant qu'en de trop rares occasions dans l'antichambre des rébellions où des forçats lui forcent le pas.

Et là, voilà que les circonstances, l'omniprésence, la loi du plus fort l'anglicise, la conquise, l'écossise, l'irlandise, la réforme et la déforme, la moulant dans l'érable à sucre des générations à venir, en lui conservant le goût de la sève marié au bois d'où l'on ne revient jamais tout à fait indemne, sinon dans l'ailleurs de soi.

Mais, elle est rusée, la chanson. Elle en a vu d'autres. Elle a connu Roland, la rose et l'épine. Elle sait très bien à qui elle se destine, se réserve ; à quelle chair rosée elle se guérit, comme saumon en frayère ; à quelle langue mutine elle choisira de faire la fine bouche.

Et pendant que l'après-guerre nous offre un tout nouveau débarquement, refrancisant nos rives et nos radios, qui en grichent d'aise tous pitons confondus, voilà que de tout nouveaux bataillons redébarquent en Québec chevelure gominée d'accents pointus et d'argots patoisants défrisant le clergé de plus en plus léger.

C'est le grand coup de semonce de l'après-guerre qui donnera l'envoi d'une semence à venir dont tout un chacun ne peut même pas déveiner le grainage à germer d'une Amérique qui chantera, pour un temps, en français.

C'est le grand lâcher lousse du fou chantant qui vient nous rappeler que, malgré la loi du cadenas, il y a de la joie à rêver et retrouver les clés d'un pays à débarrer au plus sacrant.

Mais il n'est pas le seul à arriver avec ses étrennes. À ses côtés, petit papa Noël et bien des vendeurs de bébelles débarquant sur les rives du Saint-Laurent, en provenance des rives gauches, et parfois maladroites, pour mettre la table à côté de la gare du Palais, où Gérard ouvre le bal avant de remonter à l'assaut des music-halls métropolitains, entre un cracheur de feu et une danseuse du ventre, sur les scènes de la Casa Loma, du Faisan Doré, du Mocambo blotties à l'ombre des *blind pigs*, question de se réchauffer l'inspiration aux tisons d'une descendance imminente.

Mais, pour mériter cela encore une fois, elle devra se colletailler à une tout autre réalité. Elle devra apprendre à se déhancher, à provoquer l'interdit, à replacer son coq ailleurs qu'en haut du plus haut clocher d'un diocèse qui en perd son latin, en patinant sur la bottine d'un peuple qui, peu à peu, se désencalmine de ce port en trouble qu'il avait pris pour un bassin Louise et menace de prendre le large en larguant les amarres, oubliant sur le quai de ses rédemptions le kyrie des vendredis maigres pour le troquer, au plus fort la panse, sans trop regarder à la dépense.

Mais comme un malheur n'arrive jamais seul et qu'on ne rompt pas les amarres sans défaire des nœuds, plus souvent qu'autrement coulants, le reel du pendu en sait quelque chose, voilà qu'Elvis continue d'épancher son déhanchement en éclaboussant, le continue à hue et à dia, sans respect pour autrui, saudit verrat…

Heureusement que du fin fond de la Gaspésie le grand cri qui ferait peur à tout le monde, comme l'annoncera son fils plus tard, venait de se faire entendre. Que le grand cri avait déserté les hauts-fonds d'une ignorance collective pour nous dire et nous nommer et, pour la

◀ Au Faisan Doré, à la table de Jean Duceppe, Robert Rivard, Monique Leyrac et autres convives.

▲ À gauche : intérieur du Copacabana.

▲ À droite : intérieur de la Casa Loma.

première fois peut-être, pas en anglais, pas en argot, pas en américain, même pas en québécois, en gaspésien. Mon Dieu Seigneur, c'est-y possible d'avoir mis queq' chose de même au monde ?

Oui ! Le grand cri qui ferait peur à tout le monde et qui ferait turluter, sans tambour ni trompette, le pays tout entier venait de débarquer à Montréal par les gros chars.

Par les gros chars, on s'entend que ce n'était pas encore le petit train du nord, mais ça ne l'empêcherait pas d'y arrimer ses wagons en temps venu.

La première dame de la chanson à se commettre en plein jour, sans instruction, dans des mots de semaine à miouner en plein dimanche, écorchant le grégorien au sortir d'un confessionnal sentant de plus en plus le péché renfermé d'une naissance n'attendant pas l'autre, revanchant le berceau canadianisant français à plein béret.

La Bolduc était née et avec elle renaissait de ses cendres une chanson de geste que l'on avait enfouie dans les plis du grand tablier, entre les graines de pain de ménage et la poussière des routes ressoudue du doute, de l'errance, de l'oppression, d'un si long silence que plus jamais elle ne saurait se taire et encore moins se terrer. Atterrée qu'elle fut pendant des siècles de fausse politesse, à l'étroit dans son manteau de chair au plus gelaudé de l'hiver.

La Bolduc venait enfin nous dire qui nous étions et, avec elle, la chanson, que la politesse nommait encore, pour le moment, canadienne, venait de faire étamper son

passeport sur les ondes trop rares des radios du pays, alors que Madame Bolduc sévissait aux quatre coins des salles paroissiales et des sous-sols d'église du pays, flanquée de Tizoune et compagnie, sous la houppette de Jean Grimaldi. Et comme si ce n'était pas encore assez pousser creux le bouchon de l'effronterie dans le goulot de la bonne conscience, de Saint-Jean-de-Matha à Saint-Denis-De La Bouteillerie, la voilà qui propage la bonne nouvelle comme un feu de brousse, incendiant sur son passage tout le continent nord-américain, de Newport à Ripon, en passant par les côtes du Maine et Saint-Louis-du-Ha! Ha!

Il n'en fallait pas plus pour que le régiment de la Chaudière sorte de son anse, en mandatant le Soldat Lebrun pour mettre fin à cette insurrection bien Bolducienne, en se rappelant que la musique adoucit les mœurs à grands coups de pic et de rappels dans les tranchées de l'imaginaire cowboyenne-canadienne, venant rappeler à la petite vinyenne que, même si la gloire est loin de toi mignonne, ce n'était pas une raison pour que son ruine-babines éperonne et écorche la bonne conscience des grenouilles de bénitier, loin de penser qu'avant longtemps leurs cris de ralliement viendraient à leur tour les défriser, à grand renfort de *I am a frog* à plein jubé.

Pendant que La Bolduc nous rappelle que «oui, on en a des légumes, des carottes pis des navets», que le Soldat Lebrun enrégimente un public qui s'enrôle derrière son succès populaire, un autre viendra, par le sentier près du ruisseau, remonter le courant populaire jusqu'à nous, tirant aux poignets jusqu'à la Manche, qui ne nous le rendra que plus tard, une fois que nous l'aurons mérité un tant soit peu.

Il est là, laissant derrière lui la barge de La Bolduc, le fusil du Soldat Lebrun. Lui, c'est armé de sa hache à deux taillants qu'il entend sous-boiser notre identité pour y laisser entrer la lumière dont le peuple a tellement besoin pour casser le jour, rompre son joug et ruer enfin dans les brancards, jusqu'à déboulonner avant

18 décembre 1955 LE JOURNAL DES VEDETTES Page 9

# FELIX LECLERC

## est revenu au Canada pour faire "ce qu'il avait dans son coeur"

**Les murs sont en bois, le plafond est en bois, le plancher . . . bien sûr : en bois ciré, poli, rustique et familier. Les meubles sont disparates, de vieux meubles aux formes simples, qui ont beaucoup servi et serviront encore. On a jeté dessus des coussins rouges, et par terre des tapis clairs. Il y a une lampe sur la cheminée, une autre près de la fenêtre. Le reste de la pièce est presque obscur, sauf dans le coin la télévision qui clignote en noir et blanc.**

Il n'y a pas de feu dans la cheminée parce qu'on n'est pas en hiver. Dehors, il a plu et il pleuvra. Sur la route il commence à y avoir pas mal de feuilles mortes.

—Après l'hiver, c'est l'automne que je préfère, dit Félix Leclerc, qui se berce dans son fauteuil.

**LA NEIGE: ELEMENT D'EQUILIBRE**

—C'est tellement beau l'automne, surtout ici ... Mais ça ne vaut pas l'hiver. L'hiver avec beaucoup de neige... La neige, c'est un élément d'équilibre dans la vie, ça force au silence et au repos.

—Ça a dû vous manquer, la neige, en Europe...

—C'est ce qui m'a le plus manqué, oui. Vous voyez, j'aime beaucoup l'Europe, la France: j'ai été heureux de les connaître, là-bas, et je serai content de les revoir. Mais ce n'est pas le Canada. Ce n'est pas Vaudreuil.

Lorsqu'il lui vient une idée, partout, en avion, dans le train, dans les coulisses de Montmartre ou dans son appartement de Paris, Félix Leclerc la note sur un dos d'enveloppe: "Quand je serai à Vaudreuil, je ferai..."

C'est lui qui a retapé, lui-même, cette vieille petite maison d'habitant; il a abattu des cloisons pour faire cette longue pièce couleur de feu de bois. Il a construit la cheminée avec des pierres du bord de l'eau.

Il y a de cela neuf hivers.

**A L'ILE D'ORLEANS?**

—Oui, mais on parle de faire des lots aux alentours pour construire des duplex pour les gens de Montréal.

—Vous partirez?

—Peut-être irons-nous habiter l'île d'Orléans ...

L'éloignement de Montréal ne le gênera pas. Depuis quatre mois et demi qu'il est rentré au pays, il n'y est allé que cinq ou six fois.

Au volant de sa petite Austin grise qu'il conduit en poète, des lunettes sur le nez, car il est un peu myope.

—Qu'est-ce que vous allez faire cet hiver? Vous avez des projets?

—Non. Rien de précis. Des pièces. Peut-être quelques programmes à la TV, peut-être un programme pour enfants. Peut-être chanter, une ou deux fois... Non, vous voyez, je suis rentré, je suis chez moi, je travaille.

Il continue de se balancer dans son fauteuil à petits coups très réguliers. Il a une tête du XIXe siècle, Félix Leclerc, vous savez, une tête comme devaient en avoir les brigands qui attaquaient les diligences, les brigands au grand coeur de Mérimée ou d'Eugène Sue: les cheveux en broussaille — argentés un peu — qui lui descendent par-devant les oreilles, et de terribles sourcils noirs.

Il trouve qu'il vieillit:

—Quand on frise la quarantaine, on a un petit froid en pensant à l'enfance ... Ma carrière a été si différente de ce que je l'imaginais. Les chansons, je n'y croyais pas. Je pensais surtout à écrire. J'y pense toujours.

C'est comme s'il avait un retard à rattraper.

Voici une image que le monde de la chanson française et canadienne a popularisé depuis cinq ans.

**IL NE VOULAIT PAS ETRE CHANTEUR**

Sa première chanson ("Notre Sentier") il l'a écrite à 18 ans. Mais les autres ont suivi sans ordre, par périodes, anarchiquement. Il ne connaît toujours pas la musique et se contente d'une notation musicale de sa façon, simple comme du grégorien. Il ne joue que de la guitare, et encore, juste assez pour s'accompagner.

Il ne voulait pas être chanteur.

C'est Canetti qui l'a contraint. Jacques Canetti, cet impresario au flair infaillible qui n'a lancé que des vedettes. Dans son petit théâtre des "Trois-Baudets", au pied de Montmartre, ont débuté Robert Lamoureux, Catherine Sauvage, Philippe Clay.

Félix Leclerc l'appelle toujours "M. Canetti", comme la première fois qu'ils se sont rencontrés, le jour où celui-ci vint l'enlever à Montréal pour le lancer à Paris.

Il y a de cela cinq ans. Cinq ans depuis ce soir d'hiver où apparut sur la scène de l'ABC ce Canadien et sa guitare qui chantait sans sourire des chansons austères et graves.

Le bon public des boulevards était venu écouter les Compagnons de la Chanson et regarder des jongleurs. Le nom de ce Leclerc n'était qu'une ligne sur l'affiche. Trois heures après, il était sur toutes les lèvres. On n'oublie pas comme ça cette brutale révélation d'un art simple et sain, d'un folklore vivant — ce folklore que les Français ont oublié.

A Montréal, au même moment, sa femme, tous ses amis suivaient au téléphone les débuts de Félix. Il leur avait dit: "Je pars pour deux semaines au plus". Ça ne pouvait pas marcher, n'est-ce pas, ces chansons à Paris. Ce serait un ratage complet ...

Deux semaines plus tard, c'est Mme Leclerc qui partit le rejoindre.

Depuis, elle en a fait et défait des valises, Mme Leclerc. Toujours souriante et calme, comme ce soir. Elle est assise de l'autre côté de la cheminée et suit distraitement la TV.

Félix Leclerc regarde-t-il souvent la télévision?

—La lutte ... affirme Martin, 10 ans, qui est accroupi par terre aux pieds de sa mère.

—Tais-toi donc, tu ne sais pas ce que tu dis ...

—J'ai découvert la TV américaine, reprend son père. Un poste qui doit être Plattsburg, je crois ... il y a du bon théâtre américain ... j'aime ça.

Au coin de la cheminée, il y a une paire de sabots, de gros sabots de bois plus vrais que nature.

Félix Leclerc porte des jeans bleus fatigués et trop étroits et une chemise à carreaux rouges largement ouverte. Il se berce à petits coups. Il parle, il adore parler et raconter des histoires. Il est content d'être à Vaudreuil.

..... (Suite à la page 10)

▲ *Le Journal des vedettes* du 18 décembre 1955 : Après son succès en France, Félix Leclerc de retour au pays qui ne le reconnaissait pas avant.

◀ Mary Travers : La Bolduc.

◀◀ Le Soldat Lebrun.

longtemps la statue d'un chef orchestré de clergé qui révolutionne à plein régime de moins en moins tranquille.

Il est là, sur la pointe des pieds. Il erre dans des corridors sans portes où on ne veut point le laisser entrer, jusqu'au moment où il rejoint la félicité de son nom avec sa tête de mule, faisant de plus en plus d'émules, de Vaudreuil aux Trois Baudets.

Félix est là et voilà que le petit bonheur de la chanson, que l'on nomme encore canadienne, prend véritablement visage. Redessinant le paysage des régions sauvages d'un pays grand comme un monde, de La Tuque au Versant-Nord et, bientôt, de Trois-Rivières à Natashquan.

Les révélateurs, c'est bien connu — et c'est d'ailleurs pour cela qu'on les nomme ainsi — , nous viennent toujours d'ailleurs. Canetti fut celui-là que Félix attendait sans le savoir dans les corridors des chapelles de chez nous. C'est avec lui qu'il s'embarqua pour la mère patrie et qu'il devint celui que, pour un temps, on présenta comme le Canadien chantant…

À sa suite viendraient d'autres sculpteurs de talent gosser aux couteaux de poche nos moindres faits et gestes, qui partiraient, eux aussi, passages obligés, faire leurs classes dans les boîtes de la rive gauche pour en revenir, quelque temps après, armés pour nous dire et nous chanter, ayant, pour la plupart, fait leur ce dicton vieux comme le monde : « Si tu veux savoir où tu vas, va donc voir d'où tu viens. »

C'est ainsi que Raymond Lévesque a pris le même chemin, aux côtés de Serge Deyglun, et qu'il écrivit, là-bas, cette chanson qui deviendrait la chanson du siècle longtemps après : *Quand les hommes vivront d'amour.*

Mais pendant que Raymond et Félix jouaient les Casques bleus à Paris et dans la francophonie, ici aussi les patriotes de la parole et de la musique occupaient de plus en plus le territoire, à commencer par Jean-Paul Filion nous présentant sa *Parenté* flanquée de *Monsieur Guindon* et de la *Pitro*, d'ailleurs interdite à la radio avec l'arrivée du cardinal Léger, faisant, malgré son nom, le poids, comme l'histoire le dira.

Suivi de près par Jacques Blanchet, mariant le ciel à la mer, et de Claude Gauthier, pour qui le soleil brillera demain, de Pauline Julien, qui rentrera bientôt de Paris pour jouer les pasionarias de bien belle façon, et de tous ceux qui viendraient dans leur sillage, tour à tour, séparer le bon grain de l'ivraie, sortir la chanson de l'église pour l'entrer dans les granges. De quoi faire ruminer la bonne conscience sous l'œil vigilant de l'Ordre de Bon Temps et de la croix de Tempérance, au régime sec pour bien plus longtemps qu'on pense.

Toute une cellule libératrice lancée à l'assaut du pouvoir à grands coups de conscience sociale et de refrains dans la mémoire du temps.

Un nouveau phénomène naît encore une fois de la nécessité. La grève des réalisateurs de Radio-Canada forcera quelques-uns de ceux-ci, par solidarité d'abord et besoin de gagner son pain ensuite, à ouvrir la première boîte à chansons du pays, rue Crescent, à Montréal : Chez Bozo. Cette boîte est née d'un groupe de chansonniers portant le même nom, composé de Raymond Lévesque, fraîchement débarqué de Paris, Claude Léveillée, qui y rejoindrait la Piaf peu après, Jacques Blanchet, Jean-Pierre Ferland, Hervé Brousseau et, finalement, la dernière, mais non la moindre, Clémence DesRochers, nouvellement sortie du couvent pour écorcher, sur son passage, Sœur Sourire et Dominique nique nique…

► Les Bozos : 1re rangée, de gauche à droite : Jacques Blanchet et Hervé Brousseau. Deuxième rangée, de gauche à droite : Jean-Pierre Ferland, Clémence DesRochers et Claude Léveillée.

Bien que l'aventure fut de courte durée pour Les Bozos, tout autant que pour leur établissement de fortune, elle aura eu le grand mérite de paver la voie à une bien belle époque qu'on appellerait longtemps plus tard, c'est-à-dire un demi-siècle maintenant, « l'époque des boîtes à chansons ».

C'est d'ailleurs dans ce sillage que Gilles Mathieu, artiste bohème dans l'âme, y découvrira les chansonniers, Chez Bozo, et qu'à son tour, après avoir erré pendant des années dans tous les domaines artistiques, en passant de l'Ordre de Bon Temps à la céramique et à la peinture entre autres, il décidera d'aménager, dans un poulailler, à Val-David, dans les Laurentides, la Butte à Mathieu qui, après Chez Bozo, est la plus vieille et la plus reconnue des boîtes à chansons du Québec.

Mathieu, qui ne manque pas d'idées, y présentera, de novembre 1959 à novembre 1976, soit pendant dix-sept ans, les plus gros noms de la chanson québécoise et française, en plus d'accueillir, l'année durant, toutes sortes de manifestations multiculturelles, allant du premier festival de jazz à avoir vu le jour au Québec, à des expositions de peinture, salons des métiers d'art et à une multitude d'autres événements germés dans la tête d'un créateur hors du commun, qui admire les artistes et les patriotes comme pas un, et qui a su créer, pendant toutes ces années, un univers unique reconnu à la grandeur du pays, de même qu'en Europe et chez nos voisins américains.

Le grand mérite de la Butte à Mathieu, comme celui de Chez Bozo avant elle, aura été de paver la voie à une multitude de boîtes à chansons qui, à partir des années soixante jusqu'au milieu des années soixante-dix, allaient voir le jour aux quatre coins du pays, jusque dans ses extrémités profondes ; tout un chacun, de

▲ Publicité du café Mocambo en 1963 annonçant des « vedettes canadiennes ».

▶ Déjà un premier festival de jazz en 1960.

FESTIVAL DE JAZZ
LAURENTIEN
3-4
SEPTEMBRE
1960
KEITH WHITE QUINTET
pianiste
PIERRE BELUSE
drums
Invité d'honneur
HERBIE SPANIER
la butte
mathieu
centre d'art
VAL-DAVID
Organisé par:
LE CENTRE D'ART LA BUTTE, VAL DAVID
MONTREAL JAZZ SOCIETY

village en village, avait ou rêvait d'avoir sa boîte à chansons.

Il ne fallait, pour ça, comme le dit la chanson, qu'un peu d'imagination.

Et Dieu sait qu'au sortir de la Révolution tranquille, l'imagination ne manquait pas aux Québécois puisque tout était à faire, à dire et à nommer, à dépoussiérer surtout.

Les boîtes à chansons auront servi à dépoussiérer les consciences d'abord et les outils de la répression par la suite, qu'on n'utilisait à peu près plus. La société québécoise, de rurale qu'elle était, passait à industrielle.

◀ Gilles Mathieu, reflété dans une des antiquités de la Butte.

▼ Banc d'église et cheval de bois de la Butte.

Donc, on se défaisait de bien des jougs, d'habitudes, de façons de faire identifiées à la misère.

À commencer par les voitures à chevaux, les outils aratoires, les filets de pêche et toutes ces antiquités qui nous avaient, du moins le croyait-on, empêchés d'arriver à la modernité.

Tous ces outils, ces vieux meubles, ces filets de pêche, s'ils avaient la chance d'échapper aux dépotoirs à ciel ouvert ou encore aux mains des nombreux *peddlers* américains flairant la bonne affaire, se retrouvaient, comme par enchantement, à décorer les boîtes à chansons du Québec profond.

Les boîtes à chansons nichaient partout, mais, surtout, du moins les plus populaires et authentiques, dans de vieilles granges comme la Butte à Mathieu, le Centre d'Art de Percé, la Roche à Veillon, la Cédrière, le Pirate, pour n'en nommer que quelques-unes.

POLICE
MONTRÉAL
POLICE
MONTRÉAL
REPUBLIQUE
DUTTE MATHIEU

L'époque des boîtes à chansons restera sans contredit l'âge d'or de la chanson québécoise.

C'est véritablement à cette époque que la chanson canadienne s'est défaite de son châle pour se dénuder un tant soit peu les épaules en devenant la chanson québécoise. Une chanson où enfin le peuple se reconnaissait, tant dans sa soumission, son histoire que dans ses revendications et son désir profond de se donner un pays.

D'ailleurs, la chanson en demeure encore aujourd'hui le meilleur témoin. À partir des années soixante, la chanson québécoise passe du folklore à la politique, car maintenant qu'avec elle on a appris d'où l'on vient, on sait maintenant où l'on va. Le reste de l'histoire nous le prouvera. À partir de 1960, tout se passe, se dit, se rêve en chansons. Les chansonniers se multiplient et parcourent le pays comme des prophètes des temps modernes. Si on commence à déserter les églises, on prend d'assaut les boîtes à chansons. On se libère. On s'ouvre au monde. On aspire à la vie éternelle… de son vivant, cette fois.

Époque fabuleuse que celle-là, correspondant aussi avec un phénomène mondial, le mouvement hippie, l'Expo 67, Che Guevara, le *peace and love*, la guerre au Vietnam et combien d'autres.

Le Québec n'est pas étranger à ce phénomène de libération nationale rêvée depuis nos ancêtres, remuant les cendres épisodiquement depuis la Conquête, la rébellion de 1837 et, maintenant… les premières bombes du Front de libération du Québec qui font plus de peur que de « malles », qui explosent comme le discours, donnant libre cours à la chanson d'ici qui, elle aussi, se fait de plus en plus combattante sur tous les terrains de la conscience collective.

Les chansonniers chantent le pays rêvé, enfin le peuple peut avoir ses espoirs et ses aspirations. À bas la censure, le clergé, la politique. On s'affirme, réclame et, pour ce faire, proteste en descendant dans la rue à tous venants, pour autant de causes toutes plus justifiées les unes que les autres.

À travers la chanson qui véhicule cette conscience sociale, cette affirmation du désir profond de s'appartenir, d'être maître chez nous, comme disait l'autre, le mouvement politique avance au même pas ; et les chansonniers y sont pour quelque chose, bien qu'avant longtemps, en bons mercenaires, ils en paieront le prix. Le rôle du prophète est de révéler, non pas de gérer.

Le Québec se mobilise vers la fin des années soixante. La chanson québécoise est tout aussi en santé que ses désirs d'indépendance. En 1970, la Crise d'octobre, savamment orchestrée par Ottawa, emprisonnera plusieurs chansonniers pour avoir annoncé l'inévitable… aux côtés d'autres penseurs, artistes et intellectuels ayant contribué à l'avènement du Québec moderne.

À partir de 1970, les chansonniers n'auront de cesse de multiplier les causes, les concerts-bénéfice et toutes sortes d'événements annonçant un « Québec mort ou vivant » qui devrait se concrétiser avec l'arrivée au pouvoir, dans l'euphorie, du Parti Québécois en 1976.

Si le Parti Québécois prend le pouvoir, paradoxalement, la chanson québécoise périclite. D'artisanale, elle devient industrielle. Maintenant, au Québec, quand on parle de la chanson, on parle de l'industrie.

Le reste de l'histoire est d'autant plus étonnant qu'à partir de l'accession au pouvoir d'un gouvernement chargé de nous libérer du pouvoir central, après trois

◄ 24 juin 1968, émeute de la Saint-Jean en face du parc Lafontaine. Dans la voiture de la République de la Butte, Raymond Lévesque et Gilles Mathieu. Dans l'estrade, Pierre Elliott Trudeau ne veut pas partir tandis que Jean Drapeau (de dos) se retire.

► *Le Journal de Montréal*, mercredi 2 juin 1976.

► ► Un autre article déplorant la fermeture de la Butte.

► ► ► *Le Journal de Montréal*, mercredi 9 juin 1976.

► ► ► ► *Le Journal de Montréal*, dimanche 6 juin 1976.

**Seul un miracle, qui surviendrait avant le 9 juin, peut sauver la doyenne des boîtes à chansons du Québec**

Butte à Mathieu est évaluée à plus d'un quart de million de dollars et que son déficit, après 17 années d'opération, est de $90,000. Le tout se vendra probablement pour un montant approximatif de $600,000 à quelqu'un qui désire faire l'acquisition du terrain et des immeubles en vue d'un commerce quelconque.

En dix-sept années donc, à la barre de la Butte à Mathieu, son fondateur aura perdu en moyenne un peu plus de $5,000 par année. Si on veut parler de mauvaise administration, il faudrait sans doute regarder ailleurs.

De nos jours, aucune compagnie, aucune salle de théâtre ou de chanson ne peut survivre sans l'appui d'un gouvernement, fusse-t-il municipal, provincial ou fédéral. Les salaires astronomiques exigés par les artistes, jumelés aux coûts d'administration et d'exploitation tout aussi exorbitants encourent un déficit certain. Toutes poursuivent encore leurs opérations grâce à des subventions annuelles. Toutes sauf la Butte à Mathieu.

Les exemples seraient nombreux mais qu'il suffise de mentionner les millions engouffrés annuellement dans l'administration de la Place des Arts, les centaines de milliers de dollars dépensés à l'occasion des Fêtes nationales, les fantasmes du ministère des Affaires culturelles et sa Chant.Août... Par ailleurs, les compagnies théâtrales, que ce soit celle du TNM, du Rideau Vert ou du Grand Théâtre de Québec ne pourraient durer que quelques mois si laissées à elles-mêmes. Prenons aussi le Patriote de Montréal qui, pour ses activités théâtrales, reçoit les sommes d'argent nécessaires.

Dans un même ordre d'idées, mentionnons tous ces théâtres d'été qui demeurent la propriété des municipalités et dont les frais d'administration se trouvent réduits de 90 p.c. Il en va de même du Patriote de Sainte-Agathe — un théâtre de la chanson semblable à celui de la Butte — dont le locataire est la ville de Sainte-Agathe.

A la Butte à Mathieu de Val-David, Gilles Mathieu opère seul: il est le propriétaire, l'administrateur, le programmateur des programmes et en même temps le "financier" de l'entreprise. Et si force lui est de reconnaître son déficit, il souligne également que l'entreprise privée devient de moins en moins rentable, sinon solvable dans le domaine du spectacle.

Ces constatations, Gilles Mathieu en a fait état il y a une dizaine d'années, quand il a commencé à se promener entre Val-David et Québec dans l'espoir d'obtenir un encouragement concret du gouvernement provincial. En vain.

Ce ne sont pas les promesses qui ont manqué, ni les fausses illusions créées par des "commis", ou les fourberies à travers diverses administrations gouvernementales. Encore récemment, il y a quelques mois, Gilles Mathieu croyait bien la tenir sa subvention. Question de mauvaise interprétation sans doute et le contenu des lettres en province des bureaux de Monsieur le ministre ou du sous-ministre ne reflétaient guère l'esprit des appels téléphoniques des secrétaires de l'un ou de l'autre. Encore que cette subvention, la dernière (de cinquante mille dollars) dont il fut fait état ne lui aurait permis que d'éloigner encore une fois l'échéance fatale.

Aujourd'hui, Gilles Mathieu est un homme usé, pour ne pas dire brisé, qui trouverait bien encore la force de s'accrocher au moindre espoir. Mais où le soleil se lève-t-il?

Oui, où le soleil se lève-t-il quand il ne reste plus que des souvenirs à bercer? Tout le monde a voulu aider Gilles Mathieu et plusieurs ont beaucoup fait, chacun à sa manière dont quelques-uns, notamment Yvon Deschamps, avec leur argent. Ce n'était pas assez, comme ce ne serait pas suffisant dans le cas de n'importe quelle autre salle ou compagnie.

Personnellement, pour avoir oeuvré avec Gilles Mathieu en différentes occasions et pendant quelques années, la disparition de la Butte à Mathieu me trouble énormément. Et c'est pourquoi au cours des prochaines journées, je tenterai de retracer dans cette page l'historique de la Butte, espérant peut-être inconsciemment que l'impossible survienne.

Car, jusqu'au 9 juin, la Butte à Mathieu garde sa vocation: faire connaître de nouveaux ...

...rt de Val-David. Le soleil se lèvera-t-il de-

**...UTTE ...THIEU ...E AUX ...RES!**

de Commerce de l'endroit se montrait intéressée à prendre possession de la salle des spectacles et des immeubles qui forment ce petit centre d'art. Mais comme ni l'un ni l'autre de ces organismes ne semble véritablement prêt à assumer de telles responsabilités, la vente aux enchères de la Butte s'avère de plus en plus imminente.

Une vague rumeur circule dans les couloirs du Parlement à Québec à l'effet que le ministère des Affaires culturelles ne vouerait aucune confiance dans les qualités administratives du propriétaire actuel de la Butte, Gilles Mathieu.

Les chiffres disent pourtant que la

**AU ...ECOURS DE LA BUTTE**

Mathieu

La Butte à Mathieu, la seule boîte à chansons intéressante avec le Patriote serait en difficultés financières. C'est presque incroyable... mais pourtant. La Butte c'est un monument. Les grands noms de la chanson québécoise qui y ont débuté leur carrière ne se comptent plus. Même aujourd'hui, la Butte c'est une consécration. Il faut

**$200,000 de déficit**

**LA BUTTE À MAT... L'ALLIER DIT NON!**

Daniel Brosseau

QUEBEC — Le ministère des Affaires culturelles refuse toute aide financière à la ...

**LA BUTTE: RESTE-T-IL DE L'ESPOIR?**

La Butte a Mathieu de Val David, la doyenne des boites à chanson du Québec, aura eu dix-sept ans cette année. C'est aussi loin qu'elle ira, semble-t-il. Depuis de nombreuses années, son propriétaire et fondateur, Gilles Mathieu, fait antichambre au ministère des Affaires culturelles du Québec dans le but d'obtenir des subventions. Il n'en a obtenu aucune. Pas un sou. Pendant ce temps, la Place des Arts accuse un déficit de plus d'un million par année, toutes les compagnies théâtrales reçoivent des subsides. A Québec, tout ce qu'on a trouvé de mieux pour aider la chanson, et la jeune chanson en particulier, c'est d'organiser un "gros party" appelé "La Chant' Août", l'année dernière. C'est tout ce qu'on a trouvé pour favoriser l'art populaire de la chanson et les troubadours débutants qui cherchent de peine et de misère une scène où faire leurs premiers pas. Telle était la vocation de La Butte à Mathieu. Y-a-t-il encore espoir que, dans quelques jours, le 9 juin, La Butte à Mathieu ne soit pas vendue aux enchères. Aujourd'hui, nous publions le dernier d'une série d'articles qui, reconnaissons-le, se voulait une dernière tentative afin de rallumer quelques étincelles d'espoir.

que à Raymond Lévesque pendant de nombreuses saisons d'été.

rythme effarant, jusqu'à atteindre $2,000 pour une soirée ...

siècles d'occupation britannique, les chansonniers sont laissés à eux-mêmes. À la limite, pour certains trop identifiés à la cause, ils sont carrément mis de côté parce que trop pressés d'en finir avec une histoire n'ayant jamais droit au chapitre qui la titre.

Les autres se démobilisent par eux-mêmes, surtout les plus engagés qui ont tout investi dans ce désir d'avènement du pays et qui doivent se recycler en trouvant d'autres thèmes à leurs chansons. Beaucoup abandonneront la partie avec la conviction que le rêve est devenu réalité.

C'est bien mal connaître la véritable histoire de ce pays-là, refusant de se mettre au monde d'une grossesse à l'autre.

Néanmoins, à partir de 1976, la chanson québécoise prend une débarque dont elle aura, pour un temps, bien du mal à se remettre. Comme si les gens voulaient oublier. Un peu comme si la guerre était terminée. C'est l'après-guerre ; alors que Trenet chante *Y'a d'la joie*, ici le public passe de la chanson à l'humour assez réfléchi. On veut rire maintenant. La lutte est gagnée d'avance.

Mal lui en prit, car la lutte est loin d'être gagnée. Les forces vives qui avaient résisté jusque-là continuent de se démobiliser avec la perte du référendum de 1980, avec ce nouveau refus d'appartenance collective.

La chanson va de mal en pis. D'autant plus qu'à partir des années soixante-dix elle a commencé à se retirer des sous-sols d'église et des vieilles granges pour rejoindre les institutions comme la Place des Arts, les temples plus respectables qui semblent l'habiller un peu mieux.

La Butte à Mathieu, comme bien des boîtes à chansons au Québec, a du plomb dans l'aile et tire de la patte. Sa chanson s'enrhume, alors on diversifie un peu la programmation en tentant de garder le navire à flot, tant bien que mal. Les artistes se retirent. Les lieux de diffusion changent. L'époque semble de plus en plus révolue.

Le reste de l'histoire le prouvera. Avec sa fermeture définitive en 1976, Gilles Mathieu, bien malgré lui, en bon capitaine, sera contraint de quitter le dernier navire, en faisant contre mauvaise fortune bon cœur.

La fermeture de la Butte à Mathieu, c'est beaucoup plus qu'une clé qu'on met dans la porte d'une vieille grange. C'est un loquet qu'on tourne sur un battant de la chanson québécoise dans ses plus beaux haillons, ses plus belles oriflammes, la chanson en couleur des pionniers de la chanson québécoise.

La Butte n'est plus... N'en demeure pas moins son âme que cet album tentera bien humblement de vous redonner ici... en laissant le maître des lieux, Gilles Mathieu, lui-même, vous la raconter.

Bonne traversée !

Sylvain Rivière, Bassin, le 9 février 2009

# PLUS VO

J'AI REFAIT LE PLUS BEAU VOYAGE
DE MON ENFANCE À AUJOURD'HUI
ET C'EST DE TOUTES MES PARTANCES
LE PLUS HEUREUX FLASH DE MA VIE

CLAUDE GAUTHIER

# LE BEAU OYAGE

JE SUIS NÉ À LACHINE. MES PARENTS ÉTAIENT UN PEU GITANS PUISQU'ILS DÉMÉNAGEAIENT RÉGULIÈREMENT. RIEN D'ÉTONNANT, DONC, QU'UN JOUR, À L'INSTAR DU CURÉ LABELLE, ILS FURENT TENTÉS PAR L'APPEL DU NORD ET DÉCIDÈRENT DE DÉMÉNAGER LEURS PÉNATES CETTE FOIS, DU CÔTÉ DE VAL-DAVID, UN PETIT VILLAGE DES LAURENTIDES COMME TOUS LES AUTRES, QUI ÉTAIT BIEN LOIN DE SOUPÇONNER, TOUT COMME MOI D'AILLEURS, LA RENOMMÉE INTERNATIONALE QU'IL CONNAÎTRAIT LONGTEMPS PLUS TARD.

D'aussi loin que je me souvienne, la musique a toujours été naturelle pour moi. Ma mère jouait du piano et avait même son diplôme pour l'enseigner. Quant à mon père, il jouait du violon. La musique fait donc partie de mes gènes. Pas étonnant qu'elle m'ait poursuivi toute ma vie.

Enfant, à Val-David, nous baignions dans la musique continuellement. La voisine nous chantait des chansons et, chaque fin de semaine, il y avait des veillées au village.

Quant à moi, c'est vers l'âge de seize ans, alors que je fréquentais l'Ordre de Bon Temps, que j'ai décidé de m'acheter un accordéon et d'apprendre la musique. Un accordéon à pitons, du tire-pousse comme la musique à bouche… J'ai commencé à en jouer et ça a marché. Ça m'a encouragé à continuer.

L'Ordre de Bon Temps, c'était surtout une troupe de danse et, le samedi soir, on se rencontrait au centre Immaculée-Conception, où le père de la Sablonnière, qui en était le directeur, ne voulait pas que l'on danse la valse… seulement des sets carrés… parce que la proximité, c'était mal vu par la religion.

C'est à travers l'Ordre de Bon Temps que j'ai eu la chance d'assister à mes premiers spectacles de chanteurs d'ici, que l'on n'appelait pas encore « chansonniers », dont Félix Leclerc et Claude Léveillée. C'est aussi là que j'ai rencontré Gaston Miron qui, lui aussi, faisait partie de l'Ordre de Bon Temps.

Félix venait nous chanter quelques chansons à l'occasion. Quant à Claude Léveillée, c'est à l'École des Beaux-Arts que je l'ai entendu pour la première fois.

▶ Gilles Mathieu à l'accordéon avec un ami, André Hébert.

C'était une époque très effervescente pour les arts à Montréal. Il y avait aussi Jacques Douai qui y chantait du folklore.

On se réunissait dans les cafés et sympathisait autour de la musique, la plus grande rassembleuse que je connaisse.

Avec l'Ordre de Bon Temps, on participait aussi à de bonnes œuvres. Je me souviens que, le dimanche, on allait visiter les crèches et rencontrer les orphelins. C'est comme ça, avec le temps, que je suis devenu moniteur à la crèche d'Youville, à la hauteur de la Métropolitaine, qui n'existait pas encore. À cette époque, on y trouvait encore des routes de campagne et des cultivateurs. Je marchais jusque chez les sœurs et passais la journée là pour cinq piastres. Il fallait revenir à pied, même dans les tempêtes d'hiver.

Une fois, j'avais amené les trente-cinq orphelins au défilé de la Saint-Jean-Baptiste, à pied. Lorsqu'on est arrivés à Ville Saint-Laurent, quand le conducteur du tramway nous a vus, il ne s'est même pas arrêté. Il est passé tout droit. Si bien qu'on est arrivés presque à la fin du défilé. Et quand je suis revenu à la crèche, il m'en manquait trois.

C'était la même chose lorsque je les amenais voir le défilé du père Noël, chez Eaton. Je vous dis qu'ils se faisaient remarquer. Ils avaient l'air d'enfants de la misère, mal habillés qu'ils étaient par rapport aux petits Anglais de l'Ouest.

Vers l'âge de seize ans, comme les arts m'attiraient vraiment, je décidai d'aller au Studio Sallet pour prendre des cours de peinture. Les gens de là-bas en ont profité pour me faire visiter le studio des graphistes au sous-sol. Je me suis alors inscrit aux deux cours.

◀ Gilles Mathieu à 20 ans.

▶ *Le Journal des vedettes*, 6 février 1965.

# LLES MATHIEU LE BÂTISSEUR DE "LA BUTTE À MATHIEU" RT POUR L'EUROPE ET LE PROCHE-ORIENT

chanson, une manière de s'exprimer qui appartient aux jeunes.

(Photo J.P. Leclerc)

Le bénéfice des soirées servait à réaliser . . . LA BUTTE.

J'allais chercher trois vieilles ma
déménager, pour n'en faire qu'une

commercial et comme maquettiste.

—Pensiez-vous, alors, à la boîte à chansons, comme une affaire pouvant devenir rentable?

—Je n'ai jamais fait d'argent avec La Butte. Le bénéfice des soirées servait à défrayer le matériel et la main d'oeuvre. Encore, aujourd'hui, ça marche sur le même principe.

Quand on pense que le prix d'entrée fut d'abord 0.50 cents et que, plus tard, à 0.75 cents, des artistes actuellement reconnus n'arrivaient pas à se faire apprécier à leur juste valeur devant un public qui rechignait sur le prix, on n'a pas de misère à le croire.

## LA STRUCTURE DE LA BUTTE

adapter l'héritage de nos ancêtres à notre vie moderne.

—Gilles, comment expliquez-vous que le succès des chansonniers a commencé avec la Butte?

—C'est difficile à dire. Il y avait bien à Montréal l'El Cortijo, l'Echourie, puis les Bozos, mais le public n'était pas préparé. La plupart des organisateurs voyaient la réussite par rapport aux salles pleines. J'avais une autre politique. Ma boîte est toujours restée ouverte, même pour une vingtaine de personnes. Peut-être aussi que les chansonniers se sont plû à la Butte et que le public s'est habitué à eux.

Il n'y avait pas de publicité, les journalistes ne se déplaçaient pas, ce sont les spectacles eux-mêmes et l'atmosphère qui ont fait de la Butte ce qu'elle est aujourd'hui. . .

## ET LA CHANSON?

—Parce qu'il a f
pour réveiller l'ap
qui régnait dans la
j'aime aussi, et sur
beaucoup de cha
inspirent pour leurs

Eh oui! Gilles M
la boîte à chanson
Le public a réa
beaucoup, mainte
boîtes dans la p
parmi toutes cell
qui ferment, ou
la Butte, elle, res
et son public, lu
sévère. Si vous ê
toutes les aut
ouvertes. Ceux
ne semblent pas
souvenir
commencements,
grandes salles
leur enfle la tê
ne s'en fait pas,
il y en aura d'
seront-ils plus

En attendant
part, ça fait six

▲ Vase en grès.

Le soir, j'allais aux Beaux-Arts et aux Arts et Métiers. Tout ce qui relevait du domaine artistique m'intéressait au plus haut point. C'était profondément ancré en moi depuis toujours, bien que j'étais loin de me douter que je passerais ma vie dans ce milieu fabuleux.

Lorsque j'avais des soirées libres, j'en profitais pour aller voir des spectacles au Musée des beaux-arts, rue Sherbrooke.

Entre-temps, j'étais aussi devenu graphiste pour les Jeunesses Musicales du Canada, ce qui me permettait de rencontrer de superbes musiciens. Je me souviens, entre autres, d'un très beau moment avec Glenn Gould.

Puis vint la fameuse grève de Radio-Canada qui, à mon insu, allait changer bientôt le cours de ma courte existence.

Dans ce sillage, Les Bozos, ce groupe de chansonniers composé de Raymond Lévesque, Hervé Brousseau, Jean-Pierre Ferland, Clémence DesRochers et Claude Léveillée, ouvrirent une boîte à chansons sur la rue Crescent. J'allais les écouter régulièrement.

Découvrir des chanteurs québécois qui, dans leurs mots, chantaient qui nous étions me paraissait vraiment sympathique. C'était nouveau puisque jusqu'alors, tout ce qu'on entendait à la radio se résumait à de la chansonnette française.

À la même époque, j'allais souvent à la boîte de Tex Lecor, La Catastrophe, de même qu'à L'Échouerie où des Mexicains jouaient régulièrement. Je fréquentais aussi le Gesù, où il y avait beaucoup d'activités. Je faisais le tour. Les spectacles m'ont toujours intéressé.

## LA CRÉATION DE LA BUTTE

Par la suite, l'Ordre de Bon Temps a changé de nom pour s'appeler les T9. C'est alors que Val-David est revenu dans le décor avec la création d'une auberge de jeunesse,

# LOS TRES COMPADRES (Le trio Tlaloc)

Dans les années soixante, on parlait beaucoup de voyage, de Gaspésie, de bateaux. Quant au Mexique, on y allait, on en discutait passionnément, on en rêvait, on en mangeait presque, comme le veut l'expression. En effet, à Montréal, de nombreux restaurants offraient à leur clientèle de la musique mexicaine durant les repas et, pour ceux qui voulaient prolonger le voyage et danser sur une musique ensoleillée, ils avaient le choix puisque plusieurs bars présentaient des groupes mexicains. Il n'est donc pas étonnant que le trio Tlaloc ait été très populaire, à cette époque. Moi-même, je n'échappais pas à cet engouement et appréciais particulièrement le caractère et l'ambiance chaleureuse de cette musique.

Ayant maintes fois rencontré les membres du groupe, je me suis lié d'amitié avec eux. Comme j'avais beaucoup de plaisir à les entendre, j'ai pris la décision de les présenter en spectacle à la Butte, un dimanche après-midi d'hiver (en 1962). Les habitués de la boîte étant friands de musique mexicaine, le trio a fait salle comble. Je les revois encore arriver dans le paysage hivernal avec leurs costumes mexicains. Cela avait quelque chose d'incongru et d'amusant à la fois. Ils sont revenus à quelques reprises et, chaque fois, il suffisait qu'ils se mettent à chanter de leurs voix justes et chaudes, à gratter leurs guitares et à jouer de leurs instruments exotiques pour que la Butte soit transportée au cœur d'un pays chaud et que les spectateurs rêvassent à leur prochain voyage au Mexique. Très vite l'atmosphère tournait à la danse.

Après quelque temps, le trio Tlaloc est devenu Los Tres Compadres. Grâce à la chaleur humaine qu'ils dégageaient et au talent qu'ils possédaient, ils se sont facilement liés d'amitié avec les Québécois, qui les ont aimés et adoptés… Ils restent, dans ma mémoire, les complices de nos rêves de soleil, nos frères de latinité.

nommée « Feu de joie », dont le père Ambroise Lafortune était l'aumônier. Inutile de vous dire qu'à l'époque il fallait des aumôniers pour surveiller les ouailles.

Je me suis alors rendu compte que, dès l'automne, il ne se passait plus grand-chose à Val-David et dans les Laurentides. L'automne suivant, j'ai décidé de louer un vieux poulailler pour le transformer en café où je pourrais aussi présenter des spectacles.

J'avais loué le deuxième étage du poulailler de M. Julien Laverdure, un plombier qui occupait le premier avec son atelier. Cela me coûtait vingt-cinq piastres par mois, ce qui n'était pas trop mal à l'époque. Pas besoin de vous dire que l'endroit était très rustique. Il n'y avait même pas de chauffage, pas de toilettes non plus, il va sans dire. Si bien qu'on envoyait les gens faire leurs besoins à la gare du Canadien Pacifique, en bas de la butte.

L'ouverture officielle, si je puis dire, a donc eu lieu le 29 novembre 1959. J'avais alors vingt-six ans. Célibataire, plein d'allant. Et comme mes parents habitaient à côté de la Butte, ça me facilitait la vie, bien évidemment.

Les gens arrivaient le samedi après-midi, prenaient un petit café et mangeaient un sandwich au pâté et au foie gras et, quelquefois, avalaient un petit café cognac pour se réchauffer.

Parfois, un artiste y chantait. André Laplante et Christian Larsen ont été parmi les premiers à s'y produire avec Claude Gauthier.

Le nom de la Butte a été suggéré par un ami, Laurent Laliberté, qui me demandait comment j'allais appeler l'endroit. Il m'a dit : « C'est dans le milieu de la butte,

CENTRE D'ART A VAL-DAVID

Dans l'intimité d'un restaurant rustique un jeune chansonnier interprète ses compositions.

Photo CLAUDE

◀ Public de la première Butte.

▶ Intérieur de la première Butte.

▶ Ambiance de la première Butte en 1959 avec André Laplante et Gilles Mathieu assis par terre.

alors la Butte serait un bon nom.» Comme il existait une «Butte à Gilles» en France, c'est devenu la Butte à Mathieu. Cela faisait également le lien avec la butte Montmartre.

Pour l'ouverture officielle de ce deuxième étage d'un poulailler rebaptisé La Butte, où couvera pendant près de deux décennies la chanson québécoise, je décidai d'annoncer en grande pompe le père Ambroise en spectacle. Je visitai les centres de ski des Laurentides pour faire la publicité et coller des affiches de ma création, de même que les auberges de jeunesse. Tant et si bien que, pour la première, à ma grande surprise, le poulailler était quasiment rempli.

Il faut dire qu'à cette époque le père Ambroise avait son émission. Les gens ont donc pensé que c'était le vrai père Ambroise, alors que c'était un ami imitateur, un humoriste extraordinaire, Guy Lesage, qui a amusé les gens toute la soirée, sans que le vrai père Ambroise ne se doute de rien. Comme quoi les miracles, il faut y croire.

J'avais décoré le poulailler avec de vieux meubles et des antiquités rapaillés ici et là, ce qui contribuait à réchauffer passablement l'atmosphère. J'avais posé des coussins par terre. Des chaises brinquebalantes côtoyaient les vieilles tables décapées.

Pour agrémenter le lieu un peu plus, j'y avais exposé mes premières aquarelles, qui complétaient ce décor à la bonne franquette des plus chaleureux.

Comme il fallait bien gagner sa vie, je travaillais en même temps comme graphiste pour Pierre Desmarais, à son imprimerie de Montréal. Puis, le vendredi, en fin de journée, je partais pour Val-David afin de préparer l'accueil des visiteurs de la fin de semaine à la Butte.

Le samedi matin, je me levais tôt et me mettais en frais de chauffer la place en charroyant le bois et le charbon pour que l'endroit soit chaud à l'arrivée de mon monde, en après-midi.

## CLAUDE GAUTHIER

**(Lac-Saguay, 1939)**

C'est au premier local de la Butte, aménagé dans un ancien poulailler, que le poète de Lac-Saguay vint me rencontrer pour m'offrir son spectacle. Peu après, comme nous étions devenus bons amis, il prit la décision de venir habiter avec Christian Larsen, le maître de cérémonie des spectacles, et moi-même, dans ma maison, bâtie sur le site de la boîte à chansons.

C'est ainsi que j'eus le bonheur d'assister à la création de plusieurs de ses chansons. Durant cette période, Claude Gauthier fit régulièrement les beaux soirs de la Butte, flanqué du «grand six pieds», personnage célèbre de la chanson du même nom, vite devenu une incontournable affectionnée de tous.

À l'été, Claude partit pour la Gaspésie. Mais chaque automne le ramenait à la Butte avec sa femme Suzanne, qui nous donnait un sérieux coup de main. Je le remercie pour tous ces bons moments que nous avons passés ensemble autour de quelques bonnes bouteilles de cidre.

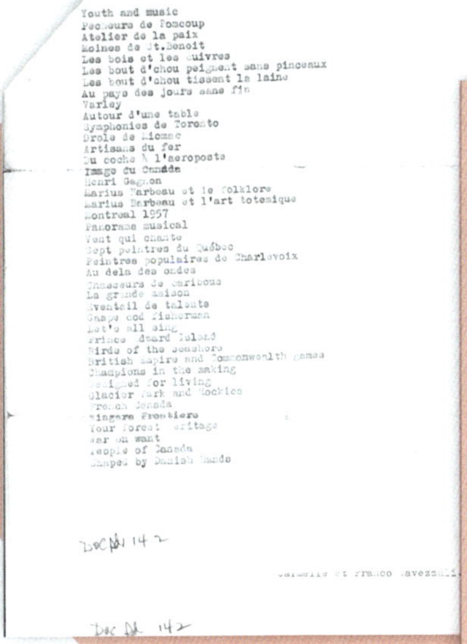

Youth and music
Pecheurs de Pomcoup
Atelier de la paix
Moines de St.Benoit
Les bois et les cuivres
Les bout d'chou peignent sans pinceaux
Les bout d'chou tissent la laine
Au pays des jours sans fin
Varley
Autour d'une table
Symphonies de Toronto
Drole de Momme
Artisans du fer
Du coche à l'aeroposte
Image du Canada
Henri Gagnon
Marius Barbeau et le folklore
Marius Barbeau et l'art totemique
Montreal 1957
Panorama musical
Vent qui chante
Sept peintres du Québec
Peintres populaires de Charlevoix
Au dela des ondes
Chasseurs de caribous
La grande maison
Eventail de talents
Cape cod fisherman
Let's all sing
Prince Edward Island
Birds of the seashore
British Empire and Commonwealth games
Champions in the making
Designed for living
Glacier Park and Rockies
French Canada
Niagara Frontiers
Your forest heritage
War on want
People of Canada
Shaped by Danish Hands

Doc Ad 142

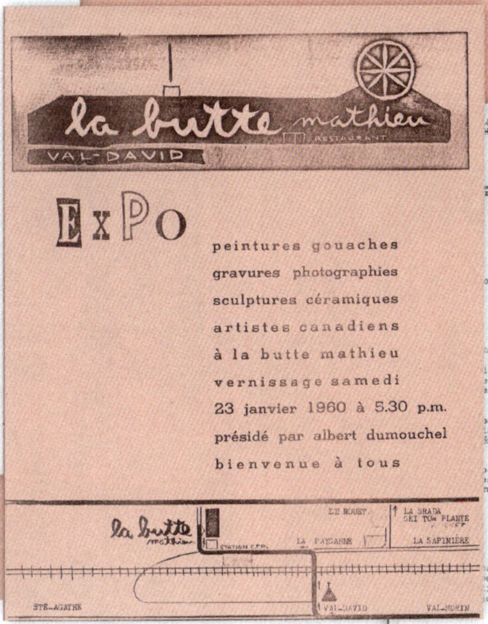

la butte mathieu
VAL-DAVID
RESTAURANT

ExPo

peintures gouaches
gravures photographies
sculptures céramiques
artistes canadiens
à la butte mathieu
vernissage samedi
23 janvier 1960 à 5.30 p.m.
présidé par albert dumouchel
bienvenue à tous



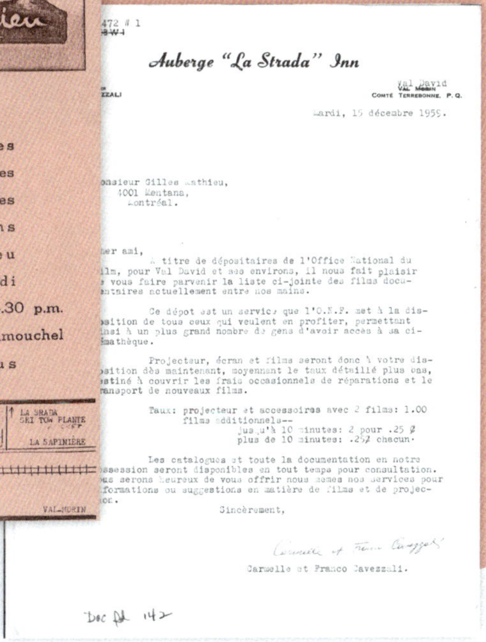

472 # 1

Auberge "La Strada" Inn

Val David
Comté Terrebonne, P. Q.

Mardi, 15 décembre 1959.

Monsieur Gilles Mathieu,
4001 Mentana,
Montréal.

Cher ami,

A titre de dépositaires de l'Office National du Film, pour Val David et ses environs, il nous fait plaisir de vous faire parvenir la liste ci-jointe des films documentaires actuellement entre nos mains.

Ce dépot est un service que l'O.N.F. met à la disposition de tous ceux qui veulent en profiter, permettant ainsi à un plus grand nombre de gens d'avoir accès à sa cinémathèque.

Projecteur, écran et films seront donc à votre disposition dès maintenant, moyennant le taux détaillé plus bas, destiné à couvrir les frais occasionnels de réparations et le transport de nouveaux films.

Taux: projecteur et accessoires avec 2 films: 1.00
films additionnels--
jusqu'à 10 minutes: 2 pour .25 ¢
plus de 10 minutes: .25¢ chacun.

Les catalogues et toute la documentation en notre possession seront disponibles en tout temps pour consultation. Nous serons heureux de vous offrir nous mêmes nos services pour informations ou suggestions en matière de films et de projection.

Sincèrement,

Carmelle et Franco Cavezzali.

Doc Ad 142

Certains y restaient à coucher le samedi soir et repartaient le dimanche en soirée. La nuit, on installait des petites chaufferettes et les gens s'étendaient sur des coussins. C'était véritablement le bon temps.

C'est ainsi que, pendant le premier hiver de son existence, la Butte présenta, chaque fin de semaine, des spectacles d'artistes débutants, dont plusieurs parmi eux feront carrière par la suite. Je pense ici, par exemple, à André Melançon, qui faisait alors du mime et qui est devenu le réalisateur que l'on connaît. Je rencontrais ces jeunes artistes un peu partout à Montréal et les invitais à venir se produire à la Butte.

Claude Gauthier devint vite un habitué de la place et obtint, dès le départ, beaucoup de succès à la Butte, succès qui ne s'est jamais démenti.

▲ Films de l'ONF présentés à la Butte en 1959.

▲ Affiche d'une exposition tenue en janvier 1960.

▲ Lettre à l'ONF pour obtenir les films. Projecteurs et deux films ; 1 $ de location.

Même si la Butte était un lieu qui privilégiait la chanson, il a toujours été important pour moi, qui provenais des arts visuels, de marier les genres, alternant de la musique au pictural et aux métiers d'art. C'est ainsi que, tour à tour, Armand Vaillancourt et Albert Dumouchel sont venus à la Butte pour exposer leurs œuvres ou présider une exposition, de même que Bernard Chaudron, Marie Versailles et combien d'autres.

Les premières années, on présentait du cinéma les vendredis, des documentaires de l'Office national du film. C'était Robert Daudelin qui s'en occupait. Par la suite, il est devenu directeur de la Cinémathèque québécoise.

Le premier hiver passa comme ça et, au printemps, mon patron, M. Desmarais, me dit : « Ouais, tu as pas mal changé depuis un certain temps. » Et, sans autre préambule, il me congédia, tout simplement, parce que j'avais une barbe et que, semblait-il, je fréquentais de drôles de

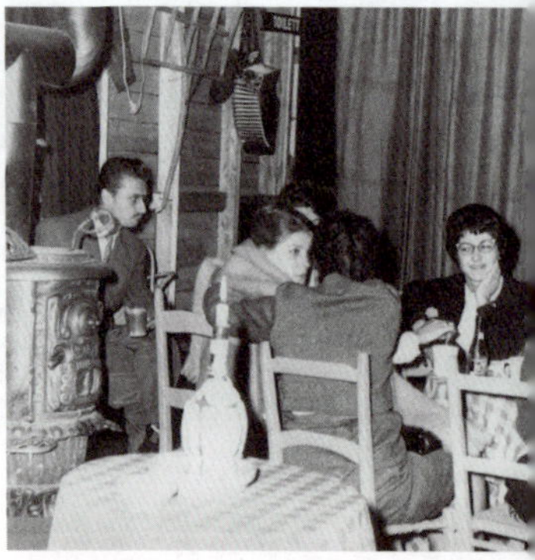

personnes du milieu artistique. J'avais de mauvaises influences, paraît-il.

Il faut dire qu'alors, le milieu artistique n'avait pas la meilleure réputation. Pourtant, je menais une petite vie très ordinaire, sans extravagances. Je n'arrivais pas en retard au travail. Mais… j'avais une barbe… et je fréquentais les artistes… Donc, j'étais louche.

Tout était à faire pour gérer un commerce, une boîte à chansons de plus, à Val-David, dans les années soixante.

▲ Public à la Butte, jouant aux échecs en fumant une cigarette à la lueur d'une chandelle.
▲ Clémence à la Butte en 1960.
▲ Public à la table de Clémence en 1960.
▲ Décor de la pièce *Lorsque l'enfant paraît*, en 1960.
▶ Partie d'un napperon de la Butte.
▶ Bail de Gilles Mathieu avec son père pour la location de la Butte.

Il fallait défricher. Quand j'ai commencé à la Butte, j'ai ouvert un compte à la caisse populaire de Val-David. Au bout de trois mois, le gérant m'a téléphoné pour m'annoncer qu'il ne pouvait pas me garder comme client parce que j'étais « commercial » et que les caisses ne prêtaient pas aux commerces ! Ça fait drôle de penser à ça maintenant, quand on voit combien les caisses sont devenues commerciales. On partait vraiment de loin au Québec, dans ces années-là. Plutôt que de nous encourager, on nous décourageait à foncer et à se prendre en main.

J'ai toujours mené une vie très ordinaire et je n'avais pas le choix, car s'il avait fallu que je me mette à fêter, je n'aurais sûrement pas pu tenir la Butte à bout de bras comme je l'ai fait pendant dix-sept ans. Et, surtout, j'en aurais perdu de grands bouts.

Ça prenait un coup fort dans ce temps-là. Je me souviens que plusieurs artistes arrivaient à la Butte avec leur bar, question probablement de réchauffer l'atmosphère. Avant que j'obtienne un permis de boisson, les clients amenaient souvent un petit flasque. On était dans le nord.

En avril 1960, après avoir été congédié cavalièrement par Paul Desmarais, ce qui n'est pas rien comme diraient les chroniqueurs d'aujourd'hui, je me suis rendu, comme il se doit, au bureau d'assurance-chômage, après convocation. On m'a alors présenté un document que je devais signer et qui stipulait que je devais me couper la barbe pour être engagé pour un nouvel emploi. Faut dire que c'était drôlement mal vu la barbe dans ces années-là. J'ai donc signé le fameux papier, bien malgré moi. Si je voulais espérer trouver un emploi, c'était obligatoire. Imaginez-vous ! Tout ce que je peux dire, c'est que les choses ont passablement changé depuis.

Par contre, même si j'avais perdu mon travail, je savourais ma nouvelle liberté et je comptais bien en profiter pour développer encore mieux la Butte, tout en continuant à faire, ici et là, de petits contrats de graphisme pour survivre.

Je ne suis pas un chômeur qui, un jour, a décidé d'ouvrir un commerce pour gagner sa vie. Plusieurs sont passés par là. Mais moi, j'ai toujours bien gagné ma vie. Je faisais des affiches pour le mont Sainte-Agathe. J'ai toujours continué de travailler, en plus de la Butte. Il le fallait, car le spectacle, il ne faut pas se le cacher, quoi qu'on en dise ou pense, est un domaine à peu près pas rentable. Surtout que j'investissais beaucoup dans l'endroit : agrandissements, achats de maisons, de terrains, d'antiquités, etc. Et les boîtes à chansons, n'avaient droit à aucune subvention et je ne pouvais pas vendre de boisson pour faire plus d'argent.

En ce temps-là, la Butte pouvait accueillir une bonne cinquantaine de personnes. C'était chaleureux et intime, tant pour le public que pour l'artiste, qui s'installait dans un coin, accroché à sa guitare, comme dans son salon, sans système de son. Il y allait de ses chansons sans prétention, en se crachant les poumons de bon cœur, tout en rêvant de faire carrière.

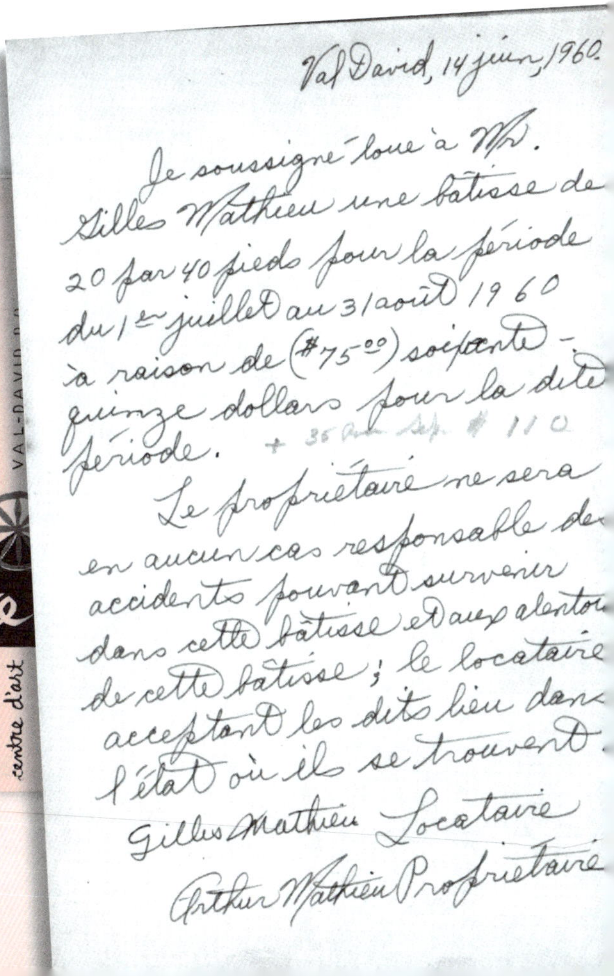

Val David, 14 juin, 1960

Je soussigné loue à Mr. Gilles Mathieu une bâtisse de 20 par 40 pieds pour la période du 1er juillet au 31 août 1960 à raison de (#75.00) soixante-quinze dollars pour la dite période.

Le propriétaire ne sera en aucun cas responsable de accidents pouvant survenir dans cette bâtisse et aux alentours de cette bâtisse ; le locataire acceptant les dits lieux dans l'état où ils se trouvent.

Gilles Mathieu Locataire

Arthur Mathieu Propriétaire

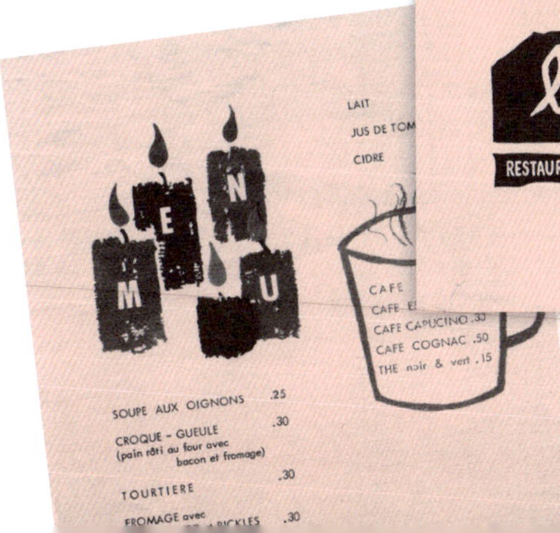

# CLAUDE LÉVEILLÉE

**(Montréal, 1932)**

À la fin des années cinquante, alors que je faisais partie du groupe de l'Ordre de Bon Temps, Claude Léveillée est venu à quelques reprises nous faire entendre ses chansons lors de nos soirées de danse folklorique. À cette même époque, où l'on découvrait les chansonniers, j'ai assisté plusieurs fois au spectacle qu'il donnait au Centre d'essai de l'École des Beaux-Arts où j'étudiais en peinture. C'est de cette façon qu'au milieu d'un public d'étudiants et d'artistes, j'ai pu véritablement apprécier ses chansons. Puis, en 1959, j'ai eu le plaisir de voir, dans un restaurant de la rue Crescent à Montréal, le spectacle des Bozos dont Claude faisait partie avec Raymond Lévesque, Clémence DesRochers, Jean-Pierre Ferland, Hervé Brousseau et le regretté Jacques Blanchet.

Au cours des deux décennies suivantes, j'ai régulièrement présenté Claude Léveillée à Val-David. À la Butte, le piano était vieux et l'oreille de l'artiste difficile. C'est pourquoi, avant son spectacle, je faisais venir un accordeur qui restait sur place jusqu'à son arrivée. Claude n'était rassuré que lorsque les dernières retouches étaient exécutées en sa présence. Mais je lui pardonnais aisément sa méfiance envers mon vieil instrument, car avec sa chanson *Le vieux piano*, c'était toute la Butte qui vibrait. Et je souriais en pensant qu'au fond mon vieux piano y était peut-être pour quelque chose… Quoi qu'il en soit, la dernière fois qu'il est venu à Val-David, accompagné d'André Gagnon, j'ai loué deux pianos à queue de douze pieds, à la demande de Claude. Si la scène semblait soudain minuscule, la musique était superbe, le décor impressionnant et le public ravi.

Avec son grand talent, Claude Léveillée s'attirait l'enthousiasme du public et le respect de la communauté artistique. Beaucoup de chanteurs désiraient se produire en première partie de son spectacle.

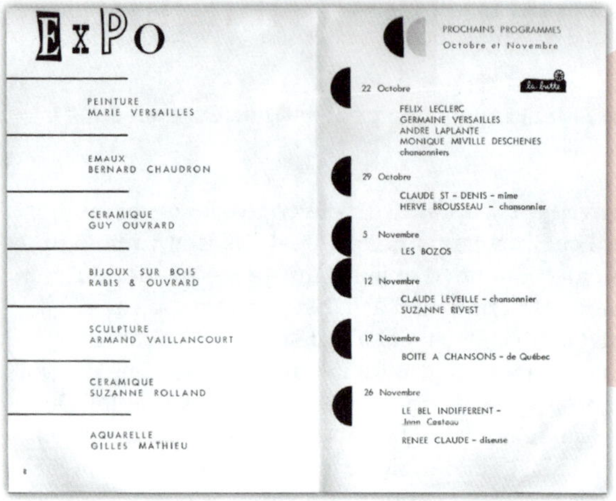

ExPo

PEINTURE
MARIE VERSAILLES

EMAUX
BERNARD CHAUDRON

CERAMIQUE
GUY OUVRARD

BIJOUX SUR BOIS
RABIS & OUVRARD

SCULPTURE
ARMAND VAILLANCOURT

CERAMIQUE
SUZANNE ROLLAND

AQUARELLE
GILLES MATHIEU

PROCHAINS PROGRAMMES
Octobre et Novembre

la butte

22 Octobre
FELIX LECLERC
GERMAINE VERSAILLES
ANDRE LAPLANTE
MONIQUE MIVILLE DESCHENES
chansonniers

29 Octobre
CLAUDE ST - DENIS - mime
HERVE BROUSSEAU - chansonnier

5 Novembre
LES BOZOS

12 Novembre
CLAUDE LEVEILLE - chansonnier
SUZANNE RIVEST

19 Novembre
BOITE A CHANSONS - de Québec

26 Novembre
LE BEL INDIFFERENT -
Jean Cocteau
RENEE CLAUDE - diseuse

Au printemps, le propriétaire du poulailler n'a pas voulu renouveler le bail, si bien que je me suis retrouvé Gros-Jean comme devant, le cul sur la paille, après avoir mis tant d'efforts pour faire connaître la place, qui était de plus en plus appréciée par des gens venant de partout.

En ces années, un lieu comme celui-là n'était pas très bien vu dans un petit village, avec des artistes et des bohèmes qui dorment sur les coussins la fin de semaine… Mais, il semblait bien qu'il fallait s'accomoder de ces jugements de valeur dans les campagnes d'alors… comme parfois encore aujourd'hui.

Désemparé, ne sachant trop à quel saint m'en remettre, j'ai fini par demander à mon père de me louer sa bâtisse de portes et fenêtres, qui était fermée depuis un an déjà et située juste à côté du poulailler. Mon père a accepté. Nous étions alors au mois de mai. Sans perdre de temps, j'ai rapaillé tous mes gréements et travaillé à organiser le nouveau local pour en faire une salle de spectacles pour l'été.

Heureusement pour moi, je suis assez habile de mes mains, ayant hérité des talents de menuisier de mon père, qui avait un atelier de portes et de fenêtres, comme vous le savez déjà, même si son vrai métier était

PROCHAINS SPECTACLES A LA BUTTE

NE MANQUEZ PAS D'ASSISTER A NOS PROCHAINS SPECTACLES A LA BUTTE MATHIEU.

samedi
11 mars :

JACQUES BLANCHET

Sa chanson "Le ciel se marie avec la mer" lui a valu le 1er prix du Concours de la Chanson Canadienne. Après un séjour de 4 mois à Paris, Jacques nous revient avec de nouvelles chansons, toujours aussi poétiques...

Spectacles 8:30 p.m. et 10:30 p.m.

samedi
18 mars

RAYMOND LEVESQUE

est de retour à la Butte, après son succès remporté l'automne dernier. Il nous présentera de nouveaux monologues et de nouvelles chansons, s'accompagnant toujours à son UkeleIee. Et l'été prochain, Raymond Lévesque dirigera à la Butte un spectacle de "cabaret-théâtre, qui sera présenté tous les soirs. Il y aura avec lui Claude Gauthier, Claude St-Denis et quelques autres...

Spectacles 8:30 p.m. et 10:30 p.m.

samedi
25 mars

GILLES VIGNEAULT

Le mois dernier, le tour de chant de Vigneault à la Butte, obtenu beaucoup de succès et nous avons cru bon de le réinviter. C'est Jacques Labrecque qui a d'abord popularisé les chansons de Gilles Vigneault, dont "Jos Monferrant" et ensuite, Pauline Julien avec "Jack Monoloy". Mais depuis quelques mois, Vigneault chante lui-même ses chansons.

Spectacles 8:30 p.m. et 10:30 p.m.

samedi
1 avril:

STEPHANE VENNES

Il accompagne lui-même ses chansons au piano. Il a donné quelques concerts, entre autres, à l'Etable du Musée des Beaux-Arts et à la Boîte à Chansons...

Spectacles 8:30 p.m. et 10:30 p.m.

Et tous les samedis soir, CHRISTIAN LARSEN et CLAUDE GAUTHIER vous accueillent avec leurs chansons.

Gilles Mathieu

La butte revient avec la nouvelle saison, vous apporter sous un nouveau toit : théatre, cinéma, chansonniers, expositions et espère que vous y passerez les plus belles fins de semaines.

Le vendredi soir, soirée de courts métrages sur un thème variant chaque semaine. Samedi soir, théatre, chansonnier, musique, ainsi que le dimanche.

Vous pouvez profiter du terrain de camping situé à quelques minutes de la butte.

Merci à tous ceux qui ont collaboré par leurs travaux et encouragements à la réalisation de ce centre d'art qui est à votre disposition.

Gilles Mathieu

centre d'art
Val-David
théâtre
restaurant
la butte
CARTE DE MEMBRE NOM
Gilles Mathieu
PRESIDENT

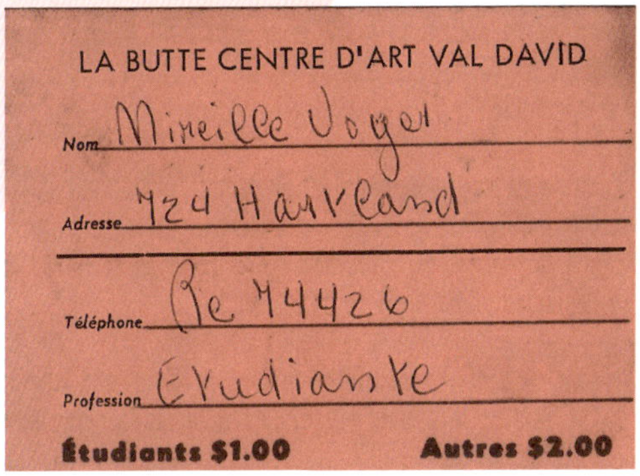
LA BUTTE CENTRE D'ART VAL DAVID

Nom Mireille Voger

Adresse 724 Harvland

Téléphone Re 74426

Profession Etudiante

Étudiants $1.00 Autres $2.00

modeleur, car, à l'époque, il fallait faire des moules pour tout, autant pour couler de la fonte que pour fabriquer des moteurs d'avion ou des engrenages quelconques. Tout ce qui était coulé à la fonderie provenait de moules en bois. Aujourd'hui, c'est fait à l'ordinateur. Autre temps, autres mœurs.

De nos jours, on court à la quincaillerie pour tout et pour rien. Mais, dans ce temps-là, il fallait se débrouiller, être ingénieux, surtout que les moyens étaient rares.

C'est ainsi qu'une nouvelle saison s'est ouverte dans une Butte agrandie, au cours de laquelle on a présenté une pièce de théâtre de Roussin intitulée *Lorsque l'enfant paraît* et, en deuxième programme, *Feu la mère de Madame*, de Feydeau.

La pièce de Roussin, comme son nom l'indique, mettait en scène des femmes enceintes. Jusque-là, rien d'anormal. Sauf que… mon père était conseiller à Val-David et, un soir, en rentrant d'une séance du conseil municipal, il est venu me voir pour m'annoncer que ça jasait pas mal fort au village. On disait que la Butte était une mauvaise place, qu'il y avait des femmes enceintes, que c'était mal vu. Que voulez-vous? Nous n'avions pas d'autres choix que d'endurer ces commentaires et persister.

Il faut dire que, traduisant les mœurs scrupuleuses de l'époque, il y avait, sur tous les poteaux de téléphone de Val-David, des affiches agrafées sur lesquelles on pouvait lire, en grosses lettres : « Pas de shorts, pas de costume de bain, pas de tenue indécente… ». Et, pour ceux qui n'avaient pas l'air de vouloir comprendre, comme si ce n'était pas déjà assez explicite, un policier sur son trente-six était planté à la porte de l'église, qui surveillait les gens. Tout cela amenait vraiment une drôle d'atmosphère.

◀ Programme varié de l'automne 1960 où figurent notamment Armand Vaillancourt, Félix Leclerc, Renée Claude, Claude St-Denis.

▲ Programme du printemps 1961.

▲ Présentation de Gilles Mathieu.

▶ Cartes de membre.

# FÉLIX LECLERC

**(La Tuque, 1914 – Île d'Orléans, 1988)**

Ma première rencontre avec Félix eut lieu en 1950, chez lui, à Vaudreuil. J'étais, pour l'occasion, accompagné des membres du groupe folklorique de l'Ordre de Bon Temps dont je faisais partie. Cordial, il nous fit monter dans son grenier où il nous chanta six ou sept de ses chansons. Quel chaleureux personnage ! Quel plaisir !

En 1960, je lui rendis personnellement visite pour tenter de le convaincre de venir chanter à la Butte. À ce moment-là, Félix rentrait tout juste d'Europe. Il hésitait à se produire au Québec. Pour la Butte, recevoir Félix était une consécration. Il accepta d'y venir pour un seul spectacle.

J'annonçai donc l'artiste ce soir-là pour 20 h 30 et déjà, à 20 heures, 400 personnes trépignaient à l'entrée d'une salle qui ne pouvait en contenir que 200. Fort de l'enthousiasme du public, je négociai donc un deuxième spectacle, que Félix m'accorda avec grâce. C'est ainsi qu'à la deuxième représentation, je me suis retrouvé avec une dizaine de personnes qui avaient dû s'asseoir sur la scène, entourant gaiement l'immense Félix Leclerc.

Après chacun des sept ou huit rappels, Félix, passant près de moi, me répétait : « J'en ai assez chanté, je pense. Ils vont être tannés. Je ferais mieux d'arrêter. » Et le public, conquis, en redemandait encore et encore.

C'est ainsi que, peu de temps après, les spectateurs ont eu le bonheur de voir réunis, pour la première fois au Québec, sur la scène de la Butte, Félix et Charlebois comme Félix et Vigneault, lors de deux soirées mémorables. Je tiens à rendre ici hommage à ce sympathique géant qui, à raison d'une ou deux fois par année, venait à la Butte offrir son bagage de chansons originales, avec sa simple guitare et son grand cœur.

NOUVELLES ILLUSTREES

SAMEDI, 22 OCTOBRE 1960

MONIC NADEAU EN BREF...

A VAL-DAVID

CONCERT FELIX LECLERC

C'est samedi le 22 octobre que Félix Leclerc sera la grande vedette d'un Gala de Chansonnier présenté à La Butte de Val David. Parmi les autres invités nous remarquons Germaine Versaille (que l'on qualifie déjà de découverte de l'année), André Laplante et Monique Miville-Deschênes déjà connue des téléspectateurs.

il y a deux ans, personne n'avait repris cette initiative.

Félix Leclerc qui continue de remporter un succès phénoménal à Paris, Félix Leclerc le plus grand de nos chansonniers sera l'invité d'honneur à ce Concert. Même si le grand public de notre province

Ce qui n'a pas empêché la Butte de faire sa saison avec, entre autres, les Bozos, Claude St-Denis, Claude Léveillée, Jean-Pierre Ferland et Marc Gélinas. Ils ont été les véritables pionniers de la Butte.

Nous présentions en alternance revues de théâtre et spectacles de chansons. Si bien qu'assez souvent le même public pouvait voir les différentes productions.

En ces années où le spectacle se mettait en place au Québec, plusieurs artistes se cherchaient un style et essayaient différents genres. Je pense par exemple à Gilles Richer qui venait chanter à la Butte, puis qui devint scripteur, entre autres, pour la célèbre émission *Moi et l'autre*, mettant en vedette Dominique Michel et Denise Filiatrault.

Même chose pour Yvon Thiboutot qui devint comédien et pour le poète Michel Garneau qui se tourna vers la radio et l'écriture.

Il faut dire également que Val-David a toujours été un endroit de villégiature très recherché. Nombre d'artistes y louaient des chalets pendant l'été et joignaient l'utile à l'agréable, passant de la nature à la scène.

À l'automne de 1960, j'ai complété ma première rallonge, une mezzanine qui permettait d'accueillir maintenant 200 places. Les nouveaux sièges étaient des coussins, placés autour de petites tables. À la japonaise, si on peut dire. Tout était prêt pour le premier spectacle de Félix à la Butte.

À l'automne de 1961, je suis allé rencontrer Félix Leclerc, chez lui, à Vaudreuil, pour l'inviter à venir chanter à la Butte. Revenant d'Europe, il n'était pas très enthousiaste à cette idée. À force de discuter, j'ai fini par le convaincre de venir à l'automne.

Convaincu que ce serait un succès, j'ai fait imprimer 200 billets pour son spectacle. Quelle ne fut pas ma surprise de voir qu'à 20 heures, 200 personnes étaient déjà arrivées et qu'à 21 heures, 200 autres les avaient rejointes. Tout le monde voulait voir Félix pour son grand retour chez nous.

Ce soir-là, je suis allé voir Félix dans sa loge pour lui demander ce qu'il pensait de tout ça. Il ne voulait faire qu'un spectacle, mais se rendant bien compte de

◀ Programme du spectacle de Félix avec Gilles Vigneault et Suzanne Rivest, en juin 1961.

◀ Dessin de Félix : Annonce de Félix en 1961 (auteur inconnu).

◀ *Nouvelles illustrées*, 22 octobre 1960.

▶ Billet pour le spectacle de Félix le 22 octobre 1960 : 2$ seulement.

l'affluence et du remous que sa visite à la Butte provoquait, il a fini par accepter de donner un deuxième spectacle plus tard.

En ce temps-là, les billets d'entrée se vendaient 2 $ chacun et Félix demandait un cachet de 500 $ par spectacle. Comme je n'étais pas dans ce domaine pour faire de l'argent, je me suis dit qu'avec la vente de café et du reste je ne perdrais rien et que, tout compte fait, un tel succès de Félix chez nous, ça donnait un sacré beau coup d'envoi à la Butte et établissait la renommée de la place partout au pays.

Après la soirée, pendant une discussion avec Félix, je lui ai dit : « Faudrait recommencer cela bientôt. » Ce à quoi il m'a répondu : « Il faut faire attention. Il ne faut pas venir trop souvent. Faut laisser les gens sur leur appétit. » C'était là toute l'attitude de Félix qui est, malgré tout, revenu l'année suivante et bien des fois par la suite, obtenant toujours autant de succès auprès du public et suscitant toujours autant son respect. Le public était conquis d'avance à ce pionnier de la chanson québécoise, qui fut le premier à nous faire connaître outre-frontières.

Félix faisait toujours salle comble. Il y avait même des gens autour de lui sur la scène et, à la fin des spectacles, malgré que le public en redemandait avec des applaudissements soutenus, il avait constamment peur de revenir, que les gens se tannent de lui. Il était toujours sur la défensive. C'est peut-être, au fond, le secret des gens comme lui, les grands, qui savent qu'ils sont bons et veulent se montrer humbles. Félix était convaincu qu'il était bon. Il le savait très bien. C'était son jeu, tout simplement.

Après les spectacles, on rentrait chez nous. Quelquefois on était une bonne quarantaine. Ça veillait jusqu'aux petites heures du matin et, après, je reconduisais Félix chez un de mes amis, qui avait l'Auberge la Paysanne, où il allait toujours dormir.

Il arrivait à Val-David le samedi après-midi, dans sa petite Volkswagen, avec sa femme Doudouche, et repartait le dimanche après-midi, après que nous avions mangé tous ensemble, chez des amis. C'était vraiment une période agréable que celle où Félix a contribué à faire connaître la Butte.

◀ La mezzanine de la Butte, à la japonaise, où plusieurs personnes se sont liés d'amitié.

LA TERRE EN FERA DES TOURS ET DES RONDS
ET CONTINUERA SON VOYAGE
EMPORTANT MON CORPS AVEC MA CHANSON

GILLES VIGNEAULT

IL
EN EST
PASSÉ...

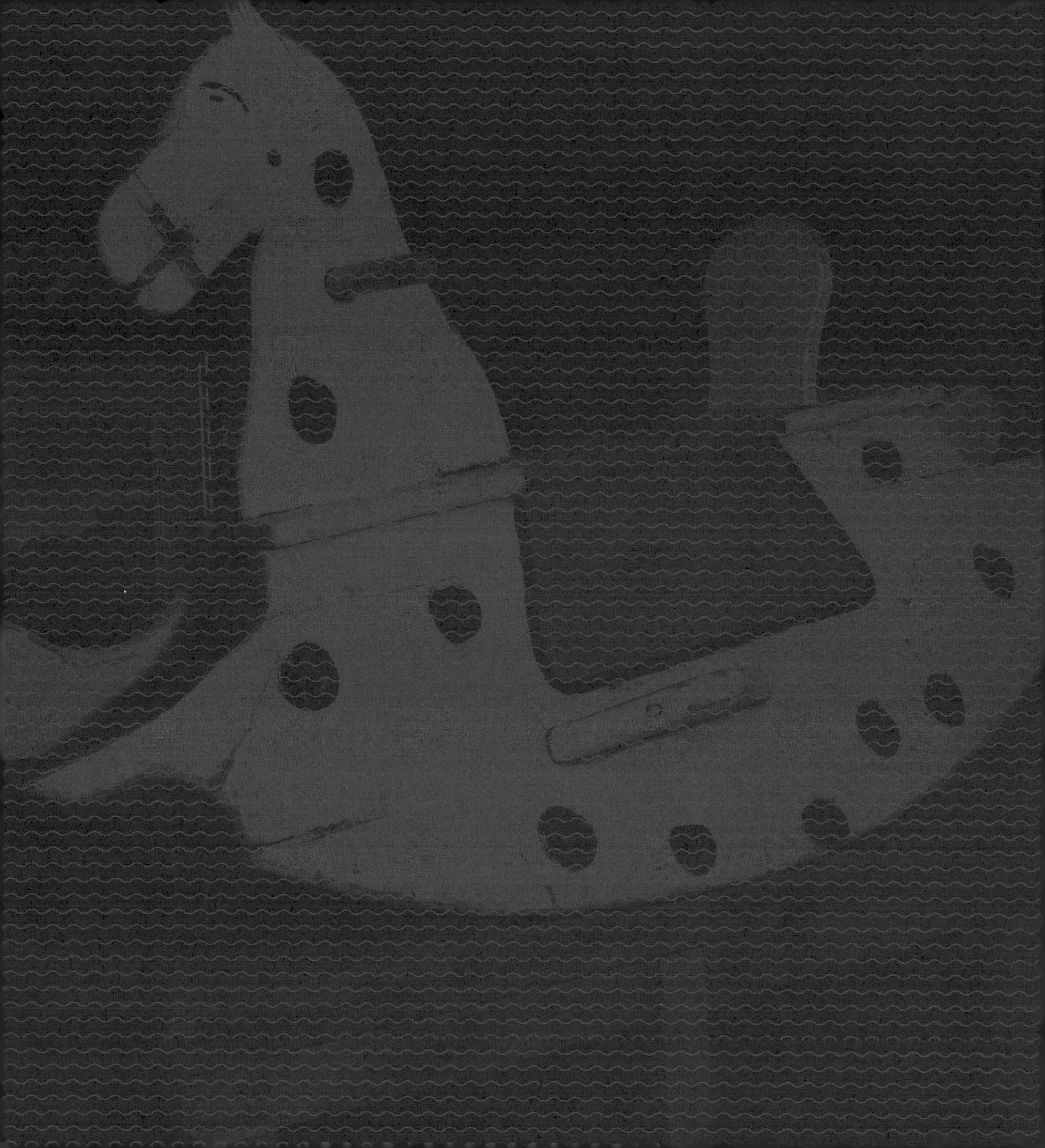

Dès le début, je me suis adjoint le concours d'un journaliste attitré en la personne de Pierre Luc, chargé de diffuser la programmation de la Butte dans tout le grand Montréal. Ce qui a sûrement contribué au succès de la boîte pendant toutes ces années. Pierre Luc a fait un très bon travail, en plus d'agir comme maître de cérémonie le soir, sur scène, en présentant les spectacles. J'ai toujours pensé que si on voulait de la publicité à Montréal, ça nous prenait un journaliste sur place, doublé d'un attaché de presse. La revue de presse de la Butte, que je conserve depuis ces bonnes années, me prouve le bien-fondé d'une telle pensée. Fort heureusement pour moi, j'ai toujours eu des gens qui se sont très bien occupés de la publicité, car ça aussi c'est tout un métier.

À l'automne, j'ai rencontré Christian Larsen qui est venu habiter chez moi, à Val-David. En plus de chanter, il présentait les spectacles les fins de semaine, l'hiver. Il m'aidait aussi à alimenter les poêles pour réchauffer la place autant que l'atmosphère.

Christian Larsen est un gars formidable qui m'a donné un vrai bon coup de main. Il prenait souvent le relais avec les artistes, ce qui me dégageait un peu, car j'avais tout le reste à faire fonctionner, ce qui n'était pas toujours de tout repos.

C'est encore lui qui m'a présenté Raymond Lévesque qui, à partir de l'été 1961, a monté des revues qui ont obtenu beaucoup de succès, et ce, durant douze ans. Raymond Lévesque est assurément l'artiste qu'on identifie le plus à la Butte, justement à cause des revues qu'il y présentait année après année.

Raymond habitait alors chez Serge Deyglun à Montréal où on se rendait souvent, Larsen et moi, pour le rencontrer.

Au cours du même hiver, je suis descendu à Québec avec Christian Larsen pour aller entendre Gilles Vigneault, qui chantait à l'Arlequin. J'ai décidé de l'engager. Son spectacle à la Butte sera sa première apparition dans les alentours de Montréal. Un public d'une trentaine de personnes l'avait accueilli chaleureusement.

Les gens ont tout de suite été conquis par cet homme maigrelet doté d'un mince filet de voix qui oubliait ses paroles facilement, qui s'arrêtait et recommençait comme si de rien n'était, en toute bonhomie. Il était d'un naturel pas possible. Il me rappelait mon enfance et les soirées de villages que j'avais connues alors que tout un chacun prenait le plancher et y

▲ Affiche de la pièce *Papa aime maman* de Raymond Lévesque, présentée à l'été 1961.

# RAYMOND LÉVESQUE

**(Montréal, 1928)**

En 1959, j'ai assisté à un spectacle que Raymond Lévesque et les Bozos donnaient dans un bar de Montréal. Par la suite, je lui ai souvent rendu visite. À cette époque-là, il cohabitait avec Serge Deyglun. Nous sommes devenus de bons amis et, au printemps 1961, j'ai proposé à Raymond de créer des revues de chansonniers à la Butte.

C'est de cette façon qu'a commencé une aventure qui a duré douze ans. Chaque été, Raymond Lévesque, en authentique chansonnier, mettait en scène l'actualité et la politique québécoises et les passait au crible de son humour, pour le plus grand plaisir du public. Au début, entouré de Guy L'Écuyer, Andrée Boucher et Charlotte Gobeil, et, par la suite, de plusieurs autres « Butte-en-train », Raymond donnait des représentations du mardi au dimanche.

Les deux premières années, la troupe a présenté trois revues différentes durant la saison estivale et, par la suite, deux. Mais c'était bien assez. Imaginez : le soir, les comédiens jouaient et, le jour, ils répétaient le prochain spectacle. Ce n'était pas de tout repos. Ils travaillaient fort, mais ils riaient beaucoup. D'ailleurs, Raymond, qui était lui-même un joueur de tours, ne dédaignait pas les traditionnelles plaisanteries de la dernière représentation. Un peu de poivre dans les boissons, un peu d'eau dans les chapeaux. Qu'il fût l'arroseur ou l'arroseur arrosé, Raymond tournait tout à la blague. Il encourageait volontiers l'improvisation dans ses spectacles, si bien qu'à la fin les représentations duraient au moins dix minutes de plus qu'au début.

Mine de rien, l'énorme travail de création de Raymond Lévesque, inspiré par son amour inconditionnel du Québec, a donné au public le goût d'un théâtre typiquement québécois à une époque où, le plus souvent, on jouait des pièces du répertoire français.

Durant toute cette période, il se produisait également à la Butte tout au long de l'année. Quand, à la fin de ses spectacles, on lui réclamait *Quand les hommes vivront d'amour*, Raymond marmonnait : « J'en ai fait d'autres. » Raymond Lévesque restera l'un des premiers et des grands pionniers de la chanson au Québec. Je le remercie pour son humour, sa bonhomie, sa constance, sa tendresse et sa poésie ainsi que pour ce temps passé où nous avons travaillé ensemble.

allait de son couplet, de son refrain, en toute générosité, sans prétention. Pour le faire connaître au plus grand nombre de personnes possible, j'ai invité des gens de Val-David à venir l'écouter, ce à quoi plusieurs me répondaient : « On a vu bien meilleur dans nos soirées paroissiales. » Sans me démonter, je renchérissais en disant : « Oui, mais lui il chante le pays, des histoires d'ici, des personnages de la Côte-Nord. C'est vraiment différent. »

## CLAUDE GAUTHIER

En 1961, un beau matin, je vais chercher Claude Gauthier à Montréal pour qu'il loge chez moi, à Val-David, avec Christian Larsen. On embarque toutes ses affaires dans mon auto, qui est bientôt pleine à ras bord. J'avais alors une grosse Pontiac 1954. On part. En chemin, on décide d'arrêter prendre un café chez une amie, au coin de Saint-Denis et De Castelnau.

Une surprise de taille nous attend en sortant. Au moment de prendre l'auto, on s'aperçoit, éberlués, que celle-ci a disparu. Envolée… Volée, plutôt ! Avec tout le bagage de

Gauthier à l'intérieur. Heureusement pour moi, la police a retrouvé ma voiture quatre jours plus tard avec, à bord, uniquement mon livre de téléphone, laissé là gracieusement par les voleurs. Ce sont peut-être ces derniers qui ont inspiré, sans le savoir, la célèbre chanson qui viendra longtemps après : *Gentleman cambrioleur.* Mais on n'a jamais retrouvé les effets de Gauthier.

Gauthier n'a pas eu d'autre choix que de prendre son mal en patience. Il fallait se rendre à l'évidence : il avait tout perdu. Il s'est installé chez nous huit bons mois, jusqu'au moment où les nouveaux propriétaires de la Piouke, une boîte à chansons qui ouvrait à Bonaventure, en Gaspésie, viennent le chercher pour l'été, avec Christian Larsen, Marthe Choquette, Hervé Brousseau et Pierre Calvé.

Après la Piouke, à Bonaventure, il y a eu Raoul Roy qui a ouvert sa boîte à chansons, Le Pirate, dans son village de Saint-Fabien-sur-Mer, près de Rimouski. Quand j'ai décidé d'aller le visiter, lui qui dormait toujours chez moi quand il venait à Val-David, eh bien, il m'a reçu comme un chien dans un jeu de quilles, comme tout le monde… Comme quoi la reconnaissance, dans ce métier-là…

## J'AI VU LE LOUP, LE RENARD, LE LION… AVANT LE TEMPS

Je me souviens qu'une fois, en 1961, j'avais engagé Gilles Vigneault, dans le cadre d'un programme plus que double, avec Félix Leclerc et Suzanne Rivest. Vigneault, surpris, m'avait fait, avec humour, la remarque suivante : « J'aurais pu remplir ta boîte tout seul. » C'est vrai qu'au début chacun amenait son propre public, qui n'était pas nécessairement celui de l'autre.

J'ai été le premier à présenter Gilles Vigneault avec Félix cette année-là, bien avant qu'ils partagent la scène en

◄◄ Claude Gauthier en répétition en juin 1970.

◄ Félix entouré d'un jeune public. Debout à sa gauche : Gilles Mathieu.

▼ Gilles Mathieu et Robert Charlebois en 1964.

## RAOUL ROY

**(Saint-Fabien-sur-Mer, 1936 – Montréal, 1989)**

Raoul Roy a fait carrière à la même période que les Cailloux et les Quatre-vingts dans les années soixante, époque où le folklore était très populaire. Un jour, il est venu chez moi me faire entendre ses chansons et je lui ai ouvert toutes grandes les portes. Il a chanté à la Butte une vingtaine de fois, s'accompagnant à la guitare. Je me souviendrai toujours avec bonheur de *Valparaiso*, une chanson de marin rapidement devenue sa plus populaire. Droit comme un pic, il prenait sa grosse voix et toute la Butte en vibrait. Malgré son air sérieux, il s'ingéniait à choisir, dans le répertoire folklorique, des chansons teintées d'humour.

Mais il ne faisait pas que chanter le folklore : il était un exégète de la chanson folklorique. Il fouillait les recoins du Québec, du Canada et de l'Europe pour faire resurgir, sortir de l'oubli des complaintes et chansons que les anciens avaient reçues par tradition orale et conservées au plus profond de leur mémoire. Sa passion consistait à répertorier différentes versions d'une même chanson, selon les régions où elles étaient chantées. Il était un des rares interprètes à effectuer ce genre de recherche pour le compte des archives du Québec. Ainsi, plusieurs chansons recueillies par Raoul Roy font maintenant partie du patrimoine québécois. D'ailleurs, j'ai eu le plaisir, à l'époque, de lui faire rencontrer quelques vieux chanteurs de Val-David et de la région des Laurentides.

Quand il avait une fin de semaine libre, il venait chez moi rencontrer les amis de la Butte. J'aime à penser que c'est ce qui l'a incité à ouvrir le centre d'art Le Pirate, son propre théâtre, dans la grange paternelle, à Saint-Fabien-sur-Mer. Au cours des quelques étés suivants, il a chanté à la Saline, un vieux bâtiment de pêcheurs, avant d'ouvrir une boîte à chansons fort sympathique à Montréal, rue Saint-Denis.

Je remercie Raoul, un brillant folkloriste « envoilé » vers d'autres mers si lointaines.

1974 avec Charlebois, sur les Plaines, pour la Super francofête, lors d'un spectacle intitulé « J'ai vu le loup, le renard, le lion ».

J'ai d'ailleurs aussi présenté Félix en 1962 avec, en première partie, Robert Charlebois, qui était à ses débuts. Tout le monde voulait chanter avec Félix.

À cette époque, les premières parties étaient courantes. Tu allais à la Comédie canadienne voir un artiste français et il y avait toujours une vedette dite « américaine » en première partie. Dans les clubs, c'était la même chose. Des amuseurs publics se produisaient sur scène avant la vedette principale. Il fallait divertir le public. La Butte n'échappait pas à cette tendance. Je voulais en donner au maximum. Comme les gens payaient deux ou trois piastres pour leur billet, ils voulaient en avoir pour leur argent et passer une bonne soirée.

Quant à Félix, il était habitué à cette formule, car il avait été à l'école du music-hall de Paris. Chez nous, il passait en vedette, après Vigneault, Charlebois, Jean-Guy Moreau et, souvent, Monique Miville-Deschênes, qu'il avait prise un peu sous son aile.

Pour bien comprendre cette période, cette ébullition qui régnait autour de la chanson, il faut savoir qu'on assistait alors à la véritable naissance de la chanson québécoise. Les chansonniers commençaient à fleurir partout, avec ce vent nouveau qui soufflait sur le Québec qu'on appellera, longtemps plus tard, la Révolution tranquille.

## GILLES VIGNEAULT

Les compagnies de disques, qui jusqu'alors privilégiaient la chansonnette française qui commençait à gagner la faveur des interpètes d'ici, peu à peu s'amenèrent à la Butte, une à la suite de l'autre pour y dénicher

▶ Andrée Boucher, Raymond Lévesque et Charlotte Gobeil.

des talents potentiels. C'est d'ailleurs comme ça que la compagnie Columbia a découvert Gilles Vigneault, avec qui le chanteur a enregistré son tout premier disque, avec un certain John William comme représentant.

Un beau samedi soir, ce même M. William est venu me voir en m'annonçant : « Lundi, on fait un long jeu à Montréal avec Gilles Vigneault et j'aimerais que vous y assistiez. » J'y suis allé avec une bonne quinzaine de personnes de la Butte et on a servi de public. C'est nous qui applaudissions sur cet enregistrement en direct… en studio. À cette époque, on enregistrait tout d'une traite. S'il y avait une erreur, on recommençait, un point c'est tout. Je me souviens très bien que, pour la chanson *Jack Monoloy*, Vigneault a dû s'y prendre à cinq ou six reprises avant de passer au travers. C'était vraiment spécial, une superbe expérience, l'expérience d'un tout premier long jeu, comme ça en direct, avec nous autres pour applaudir.

C'est là que Gilles Vigneault a commencé à être populaire. Il est revenu régulièrement chanter à la Butte, obtenant toujours un grand succès.

Jacques Labrecque l'avait fait connaître en enregistrant *Jos Monferrant* et ses chansons sur le Carnaval de Québec, comme il avait fait connaître Jean-Paul Filion en enregistrant plusieurs de ses grands succès, dont *Monsieur Guindon*, bien sûr, et la plus célèbre *Parenté*.

## L'ARRIÈRE-SCÈNE

Dans les boîtes à chansons, les gens écoutaient beaucoup les paroles. La musique était importante, mais n'occupait jamais le premier plan. C'était le texte, l'histoire, le message qui primait.

La plupart des chansonniers, à l'instar de Félix qui avait fait école, s'accompagnaient en grattant la guitare tant bien que mal. D'autres, plus rares, s'accompagnaient au piano, Claude Léveillée par exemple. Quelques-uns avaient leur accompagnateur, mais c'était peu courant. Chacun défendait ses textes comme il le pouvait.

J'avais fait installer un système de son assez spécial dès 1960, avec un micro à l'avant et des petites boîtes de son accrochées un peu partout dans la salle, si bien qu'on entendait l'artiste convenablement peu importe où on était assis. Je crois que, pour l'époque, c'était un assez bon système qui, bien évidemment, n'a rien à voir avec la technique d'aujourd'hui. Heureusement, car les fusibles de l'époque n'auraient sans doute pas tenu le coup.

Pour arriver au meilleur résultat possible, un technicien de son, que je logeais chez moi, venait toutes les fins de semaine. Plusieurs techniciens de son ou d'éclairage réputés ont travaillé à la Butte au début de leur carrière, comme Frank Furtado, Luc Phaneuf, Jacques Lambert.

Au début des boîtes à chansons, le théâtre était l'art qui dominait au Québec. La chanson était considérée comme un art mineur. Bien sûr, il m'arrivait souvent de me faire niaiser un peu par le milieu du théâtre. Ils étaient un peu snobs. Jusqu'à Albert Millaire qui m'a téléphoné un jour pour me dire : « Tu fais du spectacle. Fais donc du théâtre. » Le théâtre avait la cote, mais moi je n'allais pas du tout dans cette direction-là. J'ai subi le même snobisme de la part de la direction des Jeunesses Musicales, pour qui je travaillais comme graphiste, quand je leur ai annoncé que j'ouvrais une boîte à chansons. Comme si c'était honteux de faire chanter les gens.

À Percé, il y avait le Centre d'art, fondé en 1956 par Suzanne Guité et son mari Alberto Tommi. Quand je leur ai annoncé mon intention d'ouvrir une boîte à chansons, ils se sont presque moqués de moi en fredonnant : « Ma petite est comme l'eau… » Dommage.

Le Centre d'art a été l'un des plus beaux endroits culturels de cette période-là, avec les sculptures de Suzanne, les peintures d'Alberto, les ateliers de

◀ Gilles Vigneault et Adrien Avon, à l'été 1965.

Françoise Bujold, le cinéma, le théâtre, le café… Un véritable centre d'art complet, unique pour l'époque au Québec. J'offrais la même chose à Val-David.

Quand je parlais avec trop d'insistance de ma boîte à chansons, les gens étaient embêtés. Ma passion des arts remonte à loin : à seize ans, je développais mes photos ; à dix-huit, j'étudiais les beaux-arts et travaillais l'émail sur cuivre. Je faisais aussi du graphisme, en plus de fréquenter l'école du meuble, le soir, pour étudier le métier de mon père, modeleur. J'ai toujours touché à plein de choses en même temps. Mais c'était vraiment la chanson qui m'intéressait le plus.

La plupart pensaient probablement qu'il s'agissait d'une nouvelle fantaisie de ma part. Personne ne semblait me comprendre et on me disait que mon projet n'avait pas d'allure, que ce n'était assurément pas la meilleure chose à faire… Pourtant, plusieurs ont suivi. Et l'histoire a fait le reste.

## RÉVOLUTION TRANQUILLE

Longtemps après, on a appelé cette période la « Révolution tranquille ». Les choses se sont faites très doucement. Duplessis meurt. On nomme Paul Sauvé pour le remplacer, qui meurt lui aussi trois mois après son élection. Les Libéraux arrivent, avec Lesage à leur tête. Les choses se font tellement en douceur qu'on ne sent pas qu'il y a une révolution. Un matin, on se réveille et on fait face à de nouvelles réalités.

Au début des années cinquante, on appelait les gens comme moi des *beatniks*. Et, soudainement, au début des années soixante, on nous appelle les existentialistes. Pour qu'on parle de révolution, il a fallu qu'une petite minorité de gens amène le changement.

Raymond Lévesque le faisait à partir de 1960, dans ses revues à la Butte, pendant que le peuple se battait pour se faire servir en français à Montréal et que les premières bombes des Felquistes sautaient.

Dans la même veine, ma volonté d'alors était de faire connaître les artistes de chez nous. On ouvrait la radio et tout ce qui en sortait était de la chansonnette française. De temps en temps, on y entendait Jacques Labrecque qui chantait du Jean-Paul Filion ou du Gilles Vigneault, quand on ne le censurait pas (*Monsieur Guindon*, *Joe Monferrant*), ou encore Claude Léveillée, Raymond Lévesque et Jacques Blanchet. C'était tout.

Radio-Canada tenait un concours annuel de chanson « canadienne ». Et, drôle de hasard, c'est moi qui avais été graphiste pour une des pochettes du disque de Radio-Canada.

Un disque qui sortait avec des chansons canadiennes n'était pas très diffusé. Moi, j'étais sensible à cette musique et je voulais me diriger dans cette voie.

Je baignais là-dedans depuis des années, avec l'Ordre de Bon Temps. Dans les autobus, on chantait du Félix Leclerc avec Gaston Miron. On était de notre pays, du Québec. On se disait canadiens, mais canadiens français. Les Anglais, c'était des Anglais, et nous autres on était canadiens français. On n'avait pas honte de ça. Puis, un beau jour, les choses ont changé. On est devenus québécois. Je le répète, tout cela s'est fait tranquillement.

C'est là que j'ai décidé de faire chanter des chansonniers, qui racontent le pays, qui nous sommes, qui nous voulons devenir. Avec des Français, bien sûr, autour de ça.

Cette période a été pour moi non pas une période de révolution tranquille, mais plutôt de changement tranquille. Nous exigions d'être servis en français. Nous

▶ Dessin de Claude Gauthier fait par Tex Lecor.

▶ ▲ Tex Lecor, en 1964.

▶ ▶ Stéphane Venne, en 1961.

▶ ▼ Article sur le spectacle de Claude Léveillée enregistré le 15 mai 1965 et présenté par Pauline Julien pour la télévision dans la série *Mon pays, mes chansons*.

Pauline Julien

Claude Léveillée

*Mon pays, mes chansons*

**TV-récital Claude Léveillée présenté par Pauline Julie**

La première de treize émissions groupées sous le titre général "Mon pays, mes chansons" sera présenté demain soir par le réseau français de Radio-Canada, à huit heures.

C'est de la sympathique Butte à Mathieu, considéré comme le berceau moderne de la chanson au Québec, que sera présenté un récital

est la seule qui sera en trée à l'intérieur. Les autres seront réalisée pleine nature, dans d coins enchanteurs du bec.

Au cours des procha semaines, Pauline Ju nous fera rencontrer Su ne Valéry, Clémence De chers, Monique Miville-

voulions nous dire, nous entendre, nous chanter, nous appartenir et, pour moi, tout cela passait par la chanson. C'était un outil de toute première importance. D'ailleurs, l'histoire l'a prouvé depuis, puisque aujourd'hui, la chanson est une ambassadrice merveilleuse de la culture québécoise aux quatre coins du monde, un trait de notre identité qu'on aime à reprendre en chœur.

Donc, malgré tout ce qu'on disait à mon sujet, je crois que je suis arrivé à la chanson au bon moment, car à partir de là, tout le monde voulait aller dans cette voie. C'était la nouvelle mode. En fait, je ne suis pas arrivé là au bon moment, j'oserais prétendre que j'ai contribué à ce que ce bon moment-là arrive.

Il faut dire que j'ai toujours été polyvalent. J'ai été à la fois gestionnaire, graphiste, gars de construction, poseur d'affiches, publicitaire, etc. Heureusement pour moi, sinon je n'aurais pu tenir à bout de bras une boîte comme celle-là aussi longtemps et sans aide gouvernementale.

## POSEUR D'AFFICHES

Parmi les nombreuses tâches à accomplir, il y avait la pose d'affiches, qui prenait passablement de temps et finissait par devenir assez ardue. Lundi après lundi, toute l'année, il fallait refaire la tournée des affiches. Tout un travail de publicité ! Dans les premières années, les chansonniers n'avaient pas leurs propres affiches, alors je devais en faire imprimer chez Pierre Guillaume. Au début, j'en installais surtout à Montréal. Ce n'est pas pour rien que je connais la ville par cœur ; je pourrais être chauffeur de taxi. Par la suite, j'en mettais un peu partout dans les Laurentides. On en posait beaucoup, et on s'en faisait arracher beaucoup aussi, entre autres par certaines personnes de Val-David et par les compétiteurs. C'était de bonne guerre.

Il faut savoir que la grande majorité des gens qui venaient voir les spectacles à la Butte venaient de Montréal. C'était une belle sortie pour eux, alliant une visite à la campagne à un événement culturel. Bien sûr, lorsqu'on annonçait une tempête de neige ou qu'il y avait une partie de hockey, le public se faisait plus rare.

À ce propos, l'une des plus mauvaises soirées dont je me souvienne, c'est lors d'un spectacle de Monique Leyrac. Malheureusement, tant pour elle que pour moi, son tour de chant coïncidait avec la soirée de la Coupe Stanley. Les spectateurs se sont fait rares.

## UNE FIÈVRE CONTAGIEUSE

La fièvre des boîtes à chansons était donc en train d'envahir tout le Québec. On ouvrait des boîtes partout, aux quatre coins du pays. Celles-ci devenaient en quelque sorte les nouvelles églises.

▲ Christian Larsen, Raymond Lévesque, Jacques Brel et Gilles Mathieu

◀ Ricet Barrier en 1967.

▶ Marcel Mouloudji avec Michel Donato.

Il n'était pas rare que les gens de la province qui voulaient ouvrir une boîte à chansons viennent faire du repérage à la Butte pour engager des chansonniers, lesquels se produisaient ensuite chez eux.

Les artistes n'avaient pas d'imprésario dans ces années-là. Je recevais des appels de partout dans la province de gens qui me disaient : « J'aimerais ça contacter Gilles Vigneault ou Robert Charlebois. » Je leur donnais leur numéro de téléphone. J'ai donc été malgré moi l'imprésario de bien du monde.

À cette époque-là également, Guy Latraverse venait à la Butte. Il était le comptable de Claude Léveillée. Il a aussi été mon comptable, à un certain moment. C'est comme ça qu'il a pensé qu'il pourrait peut-être devenir imprésario. Il a plus tard pris sous son aile Yvon Deschamps et beaucoup d'autres artistes. Les choses se faisaient en douceur et dans la confiance. Nous étions alors loin de penser que la chanson deviendrait l'industrie qu'elle est aujourd'hui.

Pendant ce temps, à Montréal, la Comédie canadienne (aujourd'hui TNM) présentait les grands noms de la chanson française. C'est d'ailleurs là que j'ai découvert, entre autres, Jacques Brel et Guy Béart.

## MARCEL MOULOUDJI

**(Paris, 1922-1994)**

Même avant que les Brel, Béart et Brassens deviennent des étoiles au firmament des chanteurs européens, Mouloudji brillait de toute sa poésie. Avec ses chansons *Mon pot', le gitan*, *Comme un p'tit coquelicot*, *Un jour tu verras*, pour ne nommer que celles-là, il était, à l'époque, le plus connu de tous.

Bien que la Butte ait été le lieu privilégié de la chanson québécoise, je me faisais un devoir de présenter des vedettes européennes. Et tandis que nos chansonniers tels que Raymond Lévesque, Félix Leclerc, Pauline Julien et beaucoup d'autres allaient se faire consacrer en Europe, Claude Nougaro, Ricet Barrier, Marie-Josée Neuville et Mouloudji présentaient leur spectacle sur la scène de la Butte et, d'une certaine manière, la consacraient.

C'est également grâce à Guy Latraverse, un habitué de la Butte et imprésario d'artistes québécois et français, si plusieurs d'entre eux se sont produits à ma boîte à chansons. D'ailleurs, c'est tout naturellement que s'était établie une sorte de tradition parmi les chanteurs européens en visite au Québec : ils inauguraient leur tournée québécoise en donnant leur premier spectacle à Val-David, pour mon plus grand plaisir et celui des fidèles spectateurs de la Butte.

Mouloudji n'a donc pas fait exception et, le soir de sa première représentation, la salle était pleine à craquer d'admiratrices et d'admirateurs impatients d'entendre ses chansons les plus populaires. Plus tard, il m'a confié qu'il s'était senti bien, un peu comme chez lui, dans cette salle rustique. Le décor antique, le cachet typiquement boîte à chansons lui avaient remémoré l'Europe. Il faut se rappeler que, au contraire de la France, il y avait au Québec, dans les années soixante, peu de salles dédiées uniquement aux chansonniers.

Mouloudji était un artiste assez discret, voire effacé, mais il donnait un spectacle très apprécié où la ronde de ses nombreux succès soulevait les spectateurs déjà gagnés à ses chansons. Et chaque fois qu'il est revenu à la Butte offrir son sympathique tour de chant, le public était au rendez-vous.

POURQUOI CHANTER QUAND IL Y A TANT À FAIRE ?
POURQUOI CHANTER ALORS QUE LE TEMPS PRESSE ?
POURQUOI RÊVER ET CHANTER DES CARESSES
QUAND CERTAINS SOIRS ON VOIT LA FIN DU MONDE
AU FOND DES YEUX ET SUR TOUTES LES ONDES...

LOUISE FORESTIER

# POURQUOI CHANTER QUAND IL Y A TANT À FAIRE

Je ne le dirai jamais assez, un des visages les plus importants, intimement lié à l'histoire de la Butte, demeure indéniablement Raymond Lévesque. Je suis allé le rencontrer un beau jour en lui disant: «Il faudrait bien que tu viennes présenter quelque chose à la Butte.» C'est comme ça qu'il a décidé de faire trois revues pendant la belle saison, été après été. C'était très audacieux. Ça demandait beaucoup de travail car, pendant qu'il présentait la première revue, il répétait la deuxième et travaillait en même temps à l'écriture de la troisième, et ce, chaque été. Il faut dire que Raymond Lévesque a toujours été un bourreau de travail.

Il était revenu d'Europe depuis peu et profitait de sa notoriété. Il était entouré de comédiens qui l'appuyaient bien, comme Manon Bernard, Marie-Josée Longchamps, Claude Michaud, Benoît Marleau, Guy L'Écuyer, Charlotte Gobeil et Andrée Boucher.

De plus, il y avait très peu de théâtres d'été, à part le Théâtre des Marguerites de Marjolaine Hébert à Eastman et celui du Sun Valley, dirigé par Henri Norbert.

▶ Raymond Lévesque.

Les revues de Raymond Lévesque étaient toujours très attendues et obtenaient un succès soutenu auprès du public. Les premières années, on présentait un chansonnier en première partie, parfois Claude Gauthier, ou encore Jean-Guy Moreau, qui pour sa part faisait des imitations de chansonniers. Mais après quelque temps, on a laissé tomber cette formule pour laisser toute la place aux revues de Raymond, qui se suffisaient à elles-mêmes.

## UN TREMPLIN POUR AILLEURS

Peu à peu, les gens qui avaient fait les beaux jours des revues de Raymond Lévesque, pendant les années glorieuses de la Butte, transportaient leurs pénates vers de nouveaux horizons. C'est ainsi que Claude Michaud s'est produit plus tard au théâtre de Sainte-Agathe et Benoît Marleau à celui de Saint-Sauveur. De nouveaux lieux culturels avaient poussé dans les Laurentides, un territoire qui n'était quand même pas infini.

Parmi ceux qui ont commencé à la Butte, je me souviens de Charlebois, qui y est venu dès 1962. Plus tard, il s'y est produit avec Jean-Guy Moreau qui, à l'époque, était plus connu que lui grâce à ses imitations. Moreau était, en même temps, pianiste pour Charlebois, et vice-versa de temps en temps.

Un jour, il m'ont appelé pour me dire qu'ils avaient pu chanter dans une autre boîte à chansons en prétendant avoir chanté à la Butte. La Butte était devenue une espèce de marque de commerce. J'ai décidé de leur faire passer une audition puis je les ai embauchés ! Dans ce temps-là, Charlebois faisait des chansons plus folkloriques, comme *La boulée.*

Il y a eu aussi, en 1964, le spectacle de François Dompierre, qui chantait à l'époque, avant de devenir compositeur et chef d'orchestre. Parmi ceux qui ont presque commencé à la Butte figurent également Pierre Létourneau et Pierre Calvé.

▲ Affiches de différents spectacles dont celui de Robert Charlebois en première partie de Félix et de Michel Conte en première partie de Clémence.

## DES GALAS CONSACRÉS À LA RELÈVE

À travers tout cela, histoire de préparer la relève bien avant que le terme ne soit récupéré par le métier, j'ai organisé, dès 1962, des galas visant à faire connaître de nouveaux chansonniers. Denise Guénette, Georges Langford et Marie Johnson, entre autres, s'y sont illustrés. Plusieurs ont ensuite gagné des prix au Festival de la chanson de Granby, comme Fernand Fournier en 1971.

## UNE DEUXIÈME SALLE

En 1963, j'ai décidé de louer une autre salle, en bas de la Butte, pour que puissent s'y produire les chansonniers. Les gens avaient donc le choix entre aller voir une revue de Raymond ou le spectacle d'un chansonnier. La plupart du temps, ils allaient voir les deux. Ce qui fait qu'on avait les mêmes clients en haut et en bas.

# PIERRE CALVÉ ET PIERRE LÉTOURNEAU

**(Montréal, 1939)** **(Verdun, 1938)**

Dans les années soixante, « boîte à chansons » était synonyme de filets de pêche, cages à homards, étoiles de mer et bois de grange. On y chantait le Québec et la Gaspésie, la mer, les voyages et les bateaux. Le public était jeune, beau et il aimait beaucoup les deux Pierre.

Dans ce décor, Pierre Calvé se retrouvait comme un poisson dans l'eau, lui qui était marin au service de la marine marchande. Au printemps 1962, il avait fait escale à la Butte pour rejoindre son ami Claude Gauthier. Heureusement pour nous, il est resté à quai et a décidé de tout laisser pour faire de la chanson. Mais il n'avait pas perdu pour autant le goût de l'aventure. C'est ainsi qu'il est parti pour la Gaspésie sur son scooter, suivi, ou fort probablement précédé, de Claude Gauthier. Là, à Bonaventure, ils ont dirigé une boîte à chansons appelée La Piouke.

Pierre Calvé a donné plusieurs spectacles à la Butte. Porté par sa voix douce, le vent du large entrait dans la salle et des rêves de grand départ flottaient dans l'atmosphère. *Quand les bateaux s'en vont* dont Gilles Vigneault avait écrit le texte, *Partir en voyage*, *Vivre en ce pays* et *La fille à matelots*, pour ne nommer que ces chansons-là, ont connu un grand succès. Séduit, le public l'était autant par son répertoire que par sa gentillesse qui, après toutes ces années, demeure un trait de sa personnalité.

Quand le grand Pierre Létourneau stationnait sa voiture devant la Butte, cela m'amusait toujours de le voir se déplier pour s'extirper de sa coccinelle et en sortir sa guitare.

Avec ses yeux bleus et ses boucles blondes, il faisait tourner la tête des filles, qui montaient le voir à la Butte par classes entières. En effet, dans ces années-là, les collégiens, et surtout les collégiennes, se déplaçaient en groupes pour venir écouter les Gauthier, Calvé et Létourneau. Il m'est même arrivé quelques fois d'héberger tout ce beau monde. C'est d'ailleurs grâce à l'engouement des jeunes pour ces chansonniers que plusieurs parents inquiets ont découvert la Butte, ayant décidé de venir y chaperonner leurs adolescents.

Pierre Létourneau s'accompagnait à la guitare et donnait souvent son spectacle en compagnie de sa femme. La belle voix de Pierrette s'unissait à la sienne, faisant voler des colombes dans la Butte. Et les jeunes filles soupiraient. Pierre Létourneau a d'ailleurs été parmi les premiers, avec Félix Leclerc, à utiliser des voix féminines lors de ses enregistrements. Il a plusieurs fois partagé la scène de la Butte avec Danielle Oderra. *Les colombes*, *La gueuse*, *Une plage à Percé* sont devenues ses chansons fétiches.

Merci à vous, les deux Pierre.

## PAULINE JULIEN

Je me souviens aussi qu'après que Pauline Julien a été rentrée d'Europe, au début des années soixante, je lui ai téléphoné pour qu'elle vienne chanter à la Butte. Avant les spectacles, elle était toujours nerveuse. Je devais la rassurer, même si la partie était toujours gagnée d'avance pour elle, grâce à sa fougue et son talent. Les gens en redemandaient tout le temps.

Mais Pauline Julien manquait beaucoup de confiance en elle. Elle voulait toujours que je lui parle, que je la rassure, tant et si bien que j'ai dû engager une femme pour s'en occuper. Pauline était inquiète, angoissée. Elle se remettait constamment en question.

Parmi les interprètes féminines qui se sont produites régulièrement à la Butte, il y a, bien sûr, Renée Claude, Christine Charbonneau, Ginette Ravel et Clémence DesRochers. Elles sont venues dès le début. Puis, il y a eu aussi Monique Leyrac, Louise Forestier et Danielle Oddera. Tout le monde voulait venir présenter son spectacle à la Butte. On voyait là une forme de reconnaissance, d'autant plus que le public en était un de connaisseurs, averti, réceptif et chaleureux qui ne se lassait jamais de chansons québécoises et françaises.

Un autre artiste qui a commencé à la Butte : Georges Dor, en 1965, en première partie de Monique Leyrac. Il m'avait été présenté par Gaston Miron, que j'avais connu à l'âge de seize ans dans l'Ordre de Bon Temps. Gaston et moi, nous étions des amis. Il est d'ailleurs venu à quelques reprises faire des soirées de poésie.

Également en 1965, la Butte a accueilli Raôul Duguay. L'artiste en était à ses débuts, à l'époque des boubous, du panache d'orignal et du globe terrestre. Sont venus aussi Gilbert Langevin, Pierre Léger, dit Pierrot le fou, et le Jazz libre du Québec avant que Charlebois les monopolise pour *L'Osstidcho*.

## UN MARIAGE À LA BUTTE

Un autre beau moment qui me revient en tête, c'est le mariage, en 1966, de Raymond Lévesque et de Manon Bernard, pour lequel on avait fait la réception à la Butte, lieu de leur rencontre. Je les avais amenés en calèche jusqu'à l'église puis ramenés à la Butte pour la réception. C'était extraordinaire. Tous leurs amis de Montréal étaient venus. Une vraie belle journée.

**Gaston Miron en récital à la Butte-à-Mathieu...**

poète et éditeur (l'Hexagone) Gas-
liron va réciter (et peut-être chan-
- c'est du moins ce qu'on m'a dit)
poèmes, le samedi 11 mars, à la
-à-Mathieu, cette célèbre boîte à
sons située dans les Laurentides.
n — l'un des plus grands poètes d'ici
un de nos plus importants éditeurs
toujours refusé de réunir ses poèmes
ivre. Il y a quelques années, il en
t publié quelques-uns dans une li-
son de la revue LIBERTE, c'est à
près tout, je crois. Cependant, il se
très à l'aise devant un "public".
c'est sans hésitation qu'il s'adresse à
gens, soit pour échanger des idées
c eux, soit pour les . . . haranguer.

vec lui, à la Butte-à-Mathieu, il y
a, je pense, le chansonnier Georges
r.

Gaston Miron
. . . en récital

◄ Le 11 mars 1965, Gaston Miron se produit à la Butte avec un chanteur débutant : Georges Dor. Aujourd'hui, les textes du poète font le palmarès.

# PAULINE JULIEN

**(Trois-Rivières, 1928 – Montréal, 1998)**

Au moment où j'ai téléphoné à Pauline Julien pour lui proposer de venir chez moi donner un spectacle, elle rentrait tout juste de Paris. Sûrement avait-elle vaguement entendu parler de la rusticité de ma boîte à chansons, car elle m'a répondu : « Moi, chanter dans une grange ? » Me croyant irréaliste et farfelu, elle ajouta même, avec une pointe d'humour : « J'ai fait les plus grandes boîtes à Paris, monsieur ! » Heureusement, pour la joie de tous, Pauline s'est laissé convaincre.

Véritable bête de scène, paralysée par le trac avant ses spectacles, elle avait besoin qu'on s'occupe d'elle, qu'on la rassure. Forte de sa vulnérabilité, elle a été, au cours des années, l'une des artistes les plus populaires de la Butte, une des premières à interpréter les poètes québécois. À cette époque, grâce à Pauline Julien, les œuvres de Gilles Vigneault, Claude Gauthier, Raymond Lévesque, Jean-Pierre Ferland et de plusieurs autres ont côtoyé celles des Ferré, Sylvestre, Ferrat et d'autres artistes français ; tous, auteurs et compositeurs, que, fidèlement, elle ne manquait jamais de nommer.

Au cours des années soixante, une série télévisée intitulée *Mon pays, mes chansons* a été réalisée, laquelle a été diffusée sur les ondes de Radio-Canada en 1965. Deux de ces émissions, mettant en vedette les chansonniers de chez nous, ont été filmées sur les lieux de la Butte, lors de spectacles. Pauline Julien était au centre de la première alors que la deuxième tournait autour de Claude Léveillée.

Je garde un excellent souvenir de la pétillante Pauline Julien qui, à chacun de ses passages, a su conquérir son auditoire par sa sincérité, son charme et sa voix. Une très grande interprète, à jamais vivante dans nos mémoires !

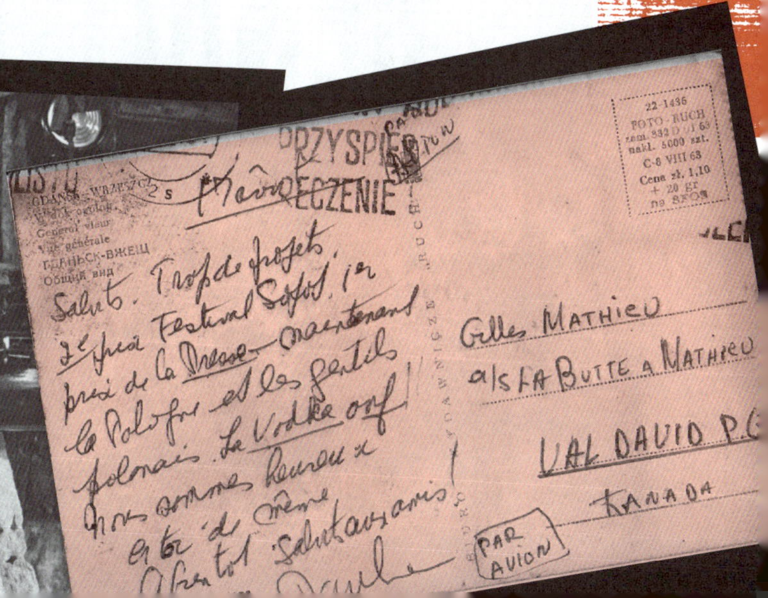

# SPECTACLES
## TOUS LES SOIRS
AVEC
# RAYMOND LEVESQUES
# LOUISE ROUX
# BENOIT MARLEAU

*Samedi Spectacles de 9 h. à 11 h.*
★ *Relache le lundi* ★

**1ère Revue du 3 au 30 juillet**
*"Ma Chienne de vie"*

**2e Revue du 31 juillet au 6 sept.**
*Vive les Caves !*

## DE NOMBREUSES PREMIÈRES

Il y a eu beaucoup de premières à la Butte. Je me souviens entre autres de *Terre des bums* (1967) avec Charlebois, de *Jaune* (1970) avec Ferland, de *L'homme de ma vie* (1972) avec Diane Dufresne, accompagnée de François Cousineau. L'endroit servait à roder des spectacles. On n'avait pas peur d'essayer de nouvelles choses puisque tout était alors à faire, à bâtir. La Butte était un formidable lieu de création.

Le même phénomène s'est produit avec les artistes français. Bien qu'ils chantaient à la Comédie canadienne, ils n'étaient pas nécessairement faciles à vendre en province. Alors, ils venaient à la Butte. Je pense notamment à Guy Béart, Mouloudji et Claude Nougaro. Ils sont venus à Val-David alors qu'ils n'étaient pas connus dans la province et quand les choses ont commencé à fonctionner pour eux, il est devenu plus difficile de les avoir. Je les faisais connaître, puis c'était fini. Ils allaient dans des salles de 1 000 personnes. Claude Nougaro s'est produit à la Butte au moins deux fois. De même que Colette Renard et ses chansons grivoises, et combien d'autres encore.

◀ Affiche des spectacles de Raymond Lévesque, à l'été 1964.
▼ Dessin de la Butte provenant du programme de l'été 1962.

## EN 1967, LA SABLIÈRE

Inspirée par ce succès, la ville de Sainte-Agathe a eu l'idée d'ouvrir un théâtre d'été. Ils ont alors fait appel à moi. Ils avaient déjà engagé Henri Norbert.

Nous avons pris une grange que j'ai entièrement décorée grâce aux subventions de la municipalité, ce que je n'ai jamais pu avoir pour ma boîte à chansons. Nous avons tout rénové, aménagé un grand stationnement et, à l'automne, j'ai décidé d'y présenter des chansonniers, dont Vigneault et Charlebois. Pendant ce temps, j'en présentais d'autres à la Butte, comme Claude Gauthier, qui était un habitué.

À un certain moment, les chansonniers m'ont dit : « Si on va à Sainte-Agathe, on ne vient plus à la Butte, et vice-versa, parce qu'on va tuer la Butte si on fait cela. » Il y avait pourtant de la place pour les deux.

L'année suivante, les gens du théâtre de Sainte-Agathe ont conclu une entente avec les gens du Patriote à Montréal et l'endroit est devenu Le Patriote de Sainte-Agathe. Les chansonniers ont recommencé à s'y produire.

Les propriétaires du Patriote nous ont toujours perçus comme des ennemis. Ils nous accusaient d'enlever leurs affiches et ont toujours été vraiment jaloux. Ce qui ne m'empêchait pas d'aller voir des spectacles chez eux et eux de venir parfois à la Butte.

La jalousie a duré des années parce que c'était toujours la Butte qui avait la vedette. Comme il s'agissait de la toute première boîte et qu'elle avait une âme, elle représentait un attrait touristique incroyable. Même les gens qui ne venaient pas aux spectacles venaient visiter la Butte durant le jour. Il y avait un va-et-vient continuel, avec les expositions, les boutiques, les antiquités, ce que n'offrait pas le Patriote de Sainte-Agathe.

Car il ne s'agissait pas seulement d'avoir des nappes à carreaux et des cages à homards pour réussir. Il fallait aussi une âme. On ne pouvait pas se contenter de copier la Butte, l'endroit était unique.

## UN TEMPS DES FÊTES ANIMÉ

Quand l'hiver arrivait, je faisais des soirées spéciales de Noël, du Jour de l'an, des soupers avec le jambon du Petit Poucet, des réveillons et toute la bastringue. Il y avait toujours des chansonniers ou de la danse à la Butte, la musique était toujours de la partie autant avant les spectacles qu'après, à l'entrée comme à la sortie. Il y régnait constamment une atmosphère de fête. Madame Goulet et Philippe Gagnon, entre autres, y mettaient de l'ambiance. J'avais des chevaux et on faisait des promenades en calèche et en carriole. La vie ne manquait pas à la Butte.

◀ En haut, dans l'ordre des aiguilles d'une montre : Christine Charbonneau, Monique Leyrac, Renée Claude, Diane Dufresne.

◀ Les Girls, en octobre 1969.

◀ Georges Dor.

◀ Billet pour le spectacle de Georges Dor, en 1965.

▶ Gilles Mathieu, le bâtisseur toujours à l'œuvre à la Sablière de Sainte-Agathe.

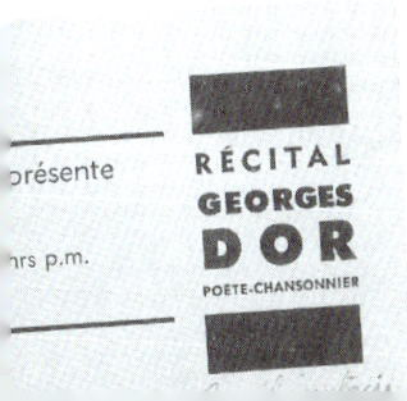


## COLLÈGE DE FILLES

Je me souviens que, dans les années soixante, le collège Basile-Moreau, fréquenté par une bonne centaine de filles, m'a demandé si elles pouvaient venir passer la fin de semaine à la Butte. J'ai accepté en leur précisant toutefois qu'elles devraient coucher sur des coussins. Cela ne les a pas découragées. Les filles sont arrivées le vendredi après-midi et sont reparties le dimanche soir. L'ambiance était assez spéciale. Les jeunes filles découvraient la chanson québécoise.

Ma décision de les accueillir n'avait pas été bien reçue, aussi incroyable que cela puisse paraître. Les auberges des alentours m'accusaient de leur faire de la

concurrence. Pourtant, ils avaient eux aussi leur part d'achalandage. Ils annonçaient continuellement dans mes programmes. Pour le collège, le coût des auberges était trop élevé.

À l'époque, les gîtes du passant n'existaient pas encore et les motels se remplissaient quand même. En plus, ça faisait connaître Val-David. Dans le fond, tout le monde y trouvait son compte.

Peu après, les gens de Val-David, voulant profiter de la manne que la Butte apportait, décidèrent de transformer leur sous-sol en dortoir, sous prétexte qu'il y avait trop de monde au village. Là, Val-David ne désemplissait plus de la fin de semaine. Les gens venaient voir les spectacles à la Butte. Parfois, les motels allaient même jusqu'à me téléphoner pour savoir qui se produisait en fin de semaine.

## VAL-DAVID SE DÉVELOPPE

Puis, les cultivateurs se sont mis à vendre des bouts de leurs terrains. Les gens aimaient tellement Val-David qu'ils voulaient s'acheter un lopin de terre pour s'y construire un chalet. Ça se bâtissait de plus en plus. Les artistes n'échappaient pas à cette tendance. À un certain moment, une bonne quarantaine s'y étaient installés, des artisans pour la plupart qui exposaient au Salon des métiers d'art de Montréal. Nombre d'entre eux ont exposé à la Butte en premier.

J'ai acheté, au fil des ans, plusieurs maisons de mes voisins que j'ai transformées en maisons d'artistes. Des sculpteurs venaient y passer l'été, dont Armand Vaillancourt dès 1960. Y sont venus aussi des céramistes, dont Bernard Chaudron, et des peintres qui donnaient des cours de peinture aux enfants. On y présentait également des spectacles pour les jeunes, dans les années soixante, entre autres. Je me souviens de Bobino qui est venu, de même que Fanfan Dédé. Bref, les événements artistiques de la Butte étaient très diversifiés et il y en avait pour toute la famille, et ce,dans un cadre de villégiature que les citadins recherchaient de plus en plus. C'était vraiment la belle époque. Il y avait beaucoup d'effervescence, de création, de vie.

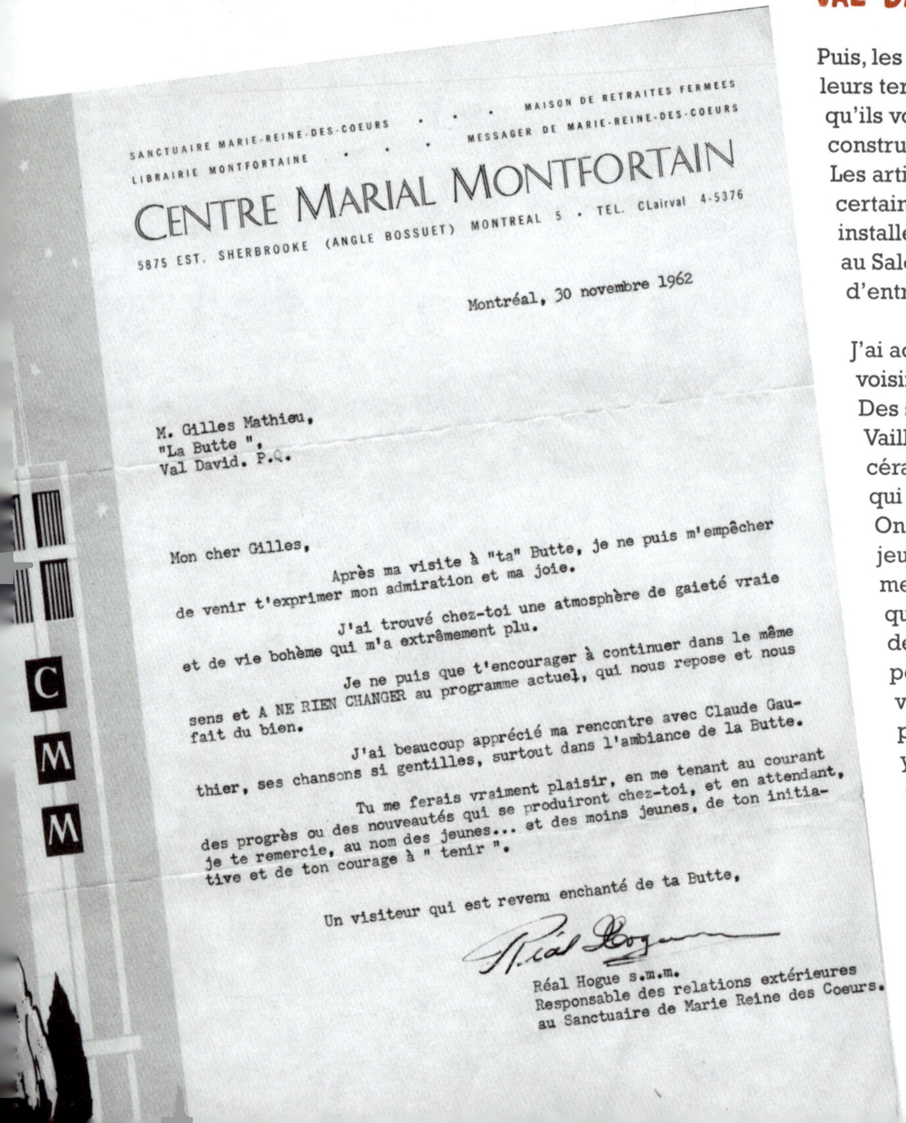

SANCTUAIRE MARIE-REINE-DES-COEURS . . . MAISON DE RETRAITES FERMEES
LIBRAIRIE MONTFORTAINE . . . MESSAGER DE MARIE-REINE-DES-COEURS

CENTRE MARIAL MONTFORTAIN

5875 EST, SHERBROOKE (ANGLE BOSSUET) MONTREAL 5 · TEL. CLairval 4-5376

C M M

Montréal, 30 novembre 1962

M. Gilles Mathieu,
"La Butte ",
Val David. P.Q.

Mon cher Gilles,

Après ma visite à "ta" Butte, je ne puis m'empêcher de venir t'exprimer mon admiration et ma joie.

J'ai trouvé chez-toi une atmosphère de gaieté vraie et de vie bohème qui m'a extrêmement plu.

Je ne puis que t'encourager à continuer dans le même sens et A NE RIEN CHANGER au programme actuel, qui nous repose et nous fait du bien.

J'ai beaucoup apprécié ma rencontre avec Claude Gauthier, ses chansons si gentilles, surtout dans l'ambiance de la Butte.

Tu me ferais vraiment plaisir, en me tenant au courant des progrès ou des nouveautés qui se produiront chez-toi, et en attendant, je te remercie, au nom des jeunes... et des moins jeunes, de ton initiative et de ton courage à " tenir ".

Un visiteur qui est revenu enchanté de ta Butte,

Réal Hogue

Réal Hogue s.m.m.
Responsable des relations extérieures
au Sanctuaire de Marie Reine des Coeurs.

▲ Marie-Josée Longchamps et Gilles Mathieu
◄ Si certains trouvaient suspecte la présence de jeunes à la Butte, d'autres s'en montraient ravis.

L'ARGENT DONNE DES ORDRES ET LA GUERRE OBÉIT
L'ARGENT CRACHE ET HURLE SES DISCOURS SYNTHÉTIQUES
AUX MICROS CHAMBRANLANTS DES PAYS À L'ÉCOUTE
QUELLE CHARADE MÉTALLIQUE AUX TYMPANS DES ENFANTS
AH QUE J'AIME LA CHANSON
QUE MON PÈRE CHANTAIT
SUR SON ÂME FAITE AU COUTEAU...

JEAN-PAUL FILION

# LA RÉPUBLIQUE DE LA BUTTE

LA PLUMA

Lors de l'année de l'Expo, en 1967, Raymond Lévesque et moi avons lancé l'idée de la République de la Butte. Nous nous sommes organisés, avons fait des macarons. J'étais le président, Raymond le vice-président et Claude Michaud le promoteur.

La République de la Butte, c'était un peu comme un pays dans le pays. Il faut dire que cette initiative coïncidait avec le fait qu'on voulait faire du Québec un pays. Comme pour l'Expo, les gens achetaient un passeport et pouvaient venir à la Butte tout l'été. Ceux qui venaient avec leur passeport avaient droit à des réductions.

Dans la foulée, l'Union des étudiants, qui s'appelait l'Ugex, a communiqué avec moi pour me demander si je pouvais recevoir des étudiants en provenance d'Europe. Alors, j'ai converti trois maisons en dortoirs et salons et j'ai aménagé, à l'extérieur, des toilettes publiques. Je recevais 100 étudiants par jour, que j'envoyais manger dans les restaurants du village. Le soir, ils venaient aux spectacles. Parfois, il y en avait 200 par jour. Cent qui arrivaient et 100 qui partaient. La vie qui régnait à la Butte, au village, dans les Laurentides les intéressait vraiment. Ç'a été un vrai bel été. Nous avions en quelque sorte notre exposition universelle à nous.

▲ Macaron de la République de la Butte.

Nous avons accueilli beaucoup de monde cette saison-là. Raymond y allait de ses revues, avec les chansonniers au travers de tout ça. On ne s'ennuyait pas à la Butte.

Ça a tellement bien marché que les gens du village ont eu l'idée de convertir une de mes maisons en auberge de jeunesse.

## RICET BARRIER

C'est en 1967 que Ricet Barrier, avec qui je me suis lié d'amitié, est venu la première fois. Il s'est produit à plusieurs reprises et, un jour, je reçois un appel de lui. Il me demande de lui servir de témoin, en Europe, à son mariage. Comment refuser ? Je suis donc allé là-bas. Avec lui, j'ai voyagé beaucoup. J'ai rencontré Jean Touraine qui réalisait *Saturnin*, dans lequel Ricet faisait la voix du canard. J'ai passé des semaines là. J'observais comment ils fonctionnaient. Ricet était comme mon frère. Quand il venait au Québec, il restait chez moi. Je lui prêtais mon auto pour faire des tournées dans la province. Il était vraiment sympathique.

## 1968

L'année suivante, la Butte a tenu sa propre exposition. J'ai réuni une cinquantaine d'artistes de Val-David qui ont exposé sur les terrains de la Butte.

Saison après saison, je m'efforçais de renouveler, réinventer, apporter du nouveau, pour susciter l'intérêt du public, qui en redemandait continuellement. C'était normal puisque, dès le début, on l'avait habitué à cela.

Entre-temps, j'avais lancé quelques restaurants à Val-David dans lesquels on allait finir les soirées. Il y avait La dent de scie sur ce qu'on appelait «l'île» à Val-David et Chez Caillou Lapierre à cause, bien évidemment, de la célèbre chanson de Gilles Vigneault.

## YVON DESCHAMPS

La première fois que j'ai rencontré Yvon Deschamps, c'était au commencement de la Butte, car sa première femme, Mireille Lachance, qui était comédienne, jouait dans les revues de Raymond Lévesque. Alors, souvent, il venait la voir en coulisse. À cette époque, il n'était pas encore le monologuiste que l'on connaît, mais c'était un conteur-né, ça se sentait. Musicien à ses heures, il accompagnait, entre autres, Claude Léveillée à la batterie.

Lors de la création de *L'Osstidcho* à Montréal, Yvon Deschamps y faisait un monologue, en plus d'y jouer de la musique et de partager la scène avec Robert

◀ Passeport de la République de la Butte en 1967 et, en bas, billet du premier anniversaire, en 1968.
▶ Yvon Deschamps en 1969.

PHOTO-JOURNAL, SEMAINE DU 2 AU 9 JUILLET 1969

Spectacles Radio

Pour la photo de famille, avec les amis, MICHEL MAILLOT, LINE BOURGEOIS, RAYMOND LEVESQUE, GILLES MATHIEU, MANON B MOREAU et GILLES FECTEAU se sont mis au balcon.

## Pour la fête de la République

Charlebois et Louise Forestier. Tout le monde connaît la suite. Ce spectacle a été, avec les premières pièces de Tremblay, un tournant dans la création artistique québécoise.

Comme beaucoup de gens, je suis allé voir le spectacle, et après j'ai dit à Yvon : « Il faudrait que tu viennes faire une soirée de monologues à la Butte. Je suis sûr que ça marcherait. »

Peu de temps après, je lui ai téléphoné pour lui offir une date de spectacle, un samedi soir, en automne. Il a accepté. À 20 heures ce soir-là, les gens commençaient à arriver. À 21 heures, la salle était pleine et il y en avait autant qui attendaient dehors. On a donc présenté un deuxième spectacle à 23 heures et la salle était tout aussi bondée. Son spectacle a marché très fort dès le départ.

Au moment de commencer le deuxième spectacle, à 23 heures, on se rend compte qu'il y a encore près de 200 personnes dehors. Je vais voir Yvon et lui raconte cela. Sans hésiter, il me dit : « Pas de problème. On va faire un troisième spectacle. » Promesse tenue. Le dernier spectacle a dû commencer vers minuit et demie, une heure. C'est donc que les gens tenaient vraiment à voir Yvon.

N'oublions pas que c'était l'époque de la fin des clubs où l'on avait coutume de voir quatre shows dans la même soirée. Ce genre de situation était assez courante. Aujourd'hui, au contraire, les artistes se limitent souvent à un seul spectacle sans première partie, bien souvent sans entracte. Puis ils disparaissent sitôt le rideau tombé.

À la Butte, les artistes restaient là tout le temps. Nous faisions un saut à la maison, après nous allions prendre un verre ailleurs jusqu'aux petites heures du matin.

◀ *Photo-journal* de la semaine du 2 au 9 juillet 1969.

◀ On se ruine la babine, le 24 juin 1970.

◀ Philippe Gagnon.

◀ Raymond Lévesque à la Saint-Jean.

Néanmoins, ce fut la seule fois qu'un artiste présenta son spectacle à trois reprises dans la même soirée. Un véritable exploit de la part de Deschamps.

Guy Béart, quant à lui, en avait déjà donné deux le même soir. À la fin du premier spectacle, tout le monde applaudissait. Ça ne finissait plus de finir tellement les gens avaient adoré. Puis Béart a dit : « Eh bien ! on va recommencer le spectacle. » Ce qu'il a fait. La soirée s'était terminée vers deux heures du matin. Un autre beau souvenir.

## RADIO-CANADA ET LE RAYONNEMENT DE LA BUTTE

Il faut dire aussi que la Butte était intimement liée à Radio-Canada. Cela aidait pas mal, tant pour se créer des contacts que pour avoir des entrevues dans les émissions culturelles.

Radio-Canada diffusait même, dans ses intermèdes, des petits bouts de films de deux minutes tournés à la Butte, mettant en vedette différents artistes.

À Ottawa, on avait même dépêché à Val-David une équipe chargée de faire des photos sur le Québec. Ils avaient pris une centaine de photos à la Butte.

Un jour, je reçois par la poste une revue américaine, avec, à l'intérieur, une photo de la Butte. On y invitait les Américains à venir visiter le Québec en calèche. Pas un mot sur la Butte.

Même chose du côté des publicités gouvernementales. La Butte y apparaissait régulièrement, ce qui me fait dire que le Québec s'est fait connaître grâce à sa chanson et, en particulier, grâce à la Butte, qui avait un décor unique, puisque j'ai sans doute été un des premiers à ramener les antiquités à l'avant-plan, à me servir du bois de grange comme décor naturel.

## COCA-COLA

Comme je n'avais pas de permis d'alcool, je vendais du Coca-Cola. Pendant des années, j'ai été le plus gros vendeur de Coke des Laurentides. Pour compléter, les gens amenaient leur petit flasque, et les artistes, eux, leur bar personnel.

Plus tard, les joueurs du Canadien, qui se rencontraient souvent à la Sapinière, à Val-David, venaient veiller le samedi soir à la Butte. C'était à peu près l'époque où je venais d'obtenir mon permis d'alcool. Je me souviens que leur entraîneur, Scotty Bowman, me disait: «Ne leur vends pas de boisson, là.» Mais Peter Mahovlich en voulait, lui.

## DES AUDITIONS TOUTES LES SEMAINES

Tous les samedis, je faisais passer des auditions. Il y avait toujours sept ou huit jeunes qui se présentaient. J'en prenais un de temps en temps, mais je ne leur disais pas: «C'est pas assez bon, ou c'est comme ceci ou comme cela.» Je ne leur faisais pas la morale.

Parfois, c'était embêtant car c'était ceux qui s'en tiraient le mieux lors des auditions qui passaient le moins bien avec le public, et vice-versa.

Une fois, il y a eu un dénommé Melchior qui, mécontent de la réaction du public, s'est déshabillé sur scène, en première partie d'un spectacle de Renée Claude. C'était le début des nuvites. Le placier a dû le sortir de scène, tout en se dépêchant de fermer les rideaux. Ce qui n'a pas empêché le jeune homme de venir chercher son cachet.

## PERMIS D'ALCOOL

Ça m'a pris des années avant de réussir à l'avoir. On me donnait toutes sortes de raisons dont celle que la Butte était trop près de l'église. Un beau jour, le juge Trahan me téléphone pour m'apprendre que je n'avais pas le droit à une terrasse à la Butte puisque, alors, les terrasses étaient réservées uniquement au Vieux-Montréal !!!

Finalement, j'ai eu un permis à condition que je serve également à manger. Les sandwichs bidon étaient inventés. Un jour, un avocat de la Régie, me dit : « Il y a des jeunes ici qui nettoient les cendriers et quand on a un permis d'alcool, on n'a pas le droit d'avoir des jeunes dans un spectacle. » Je lui ai répondu « Et vous, vous avez des enfants. » Il m'a dit : « Oui. » J'ai enchaîné : « Et vous, quand vous prenez une bière chez vous, demandez-vous à vos enfants de s'en aller ? » Il a répondu que non.

## LA FIN

À partir de 1970, les salles de spectacles étaient maintenant subventionnées aux quatre coins du Québec. On croit que la Butte se suffit à elle-même. Les conditions des spectacles et les cachets augmentant, de moins en moins d'artistes voulaient venir chanter à la Butte.

Déjà, quand la Place des Arts a ouvert ses portes, les chanteurs qui s'y produisaient devaient s'engager à ne pas faire la Butte entre six mois et un an avant de faire la Place des Arts. Les chansonniers ne faisaient maintenant que des grandes salles, réclamant de meilleurs cachets. Suivant ce modèle, plusieurs lieux culturels ouvrent et offrent maintenant des spectacles dans les Laurentides.

Donc à la Butte, le public périclite. Même si plusieurs mettent bénévolement l'épaule à la roue, il fallait quand même payer des employés.

J'ai fait plusieurs demandes de subventions gouvernementales pour m'aider à garder le navire à flot, mais toujours sans succès. On m'a traité de mauvais administrateur… après tant d'années. Comment avais-je pu faire fonctionner une boîte à chansons pendant dix-sept ans si j'étais un si mauvais administrateur ? Je dois bien me rendre à l'évidence. Je dois me résoudre à tout abandonner. J'ai donc abandonné le navire, en laissant ma place à quelqu'un d'autre. Le plus triste spectacle produit à la Butte.

## APRÈS

En 1977, ce sont les propriétaires des Deux Pierrots qui se sont installés à la Butte, Pierre Rochette et Pierre David pour animer les lieux. Par la suite, on y présenta des « meurtres et mystères ». Un nouveau propriétaire s'est porté acquéreur de l'endroit, laissant le tout à l'abandon. Si bien qu'aujourd'hui, la Butte n'est plus, démolie en 2006 parce que l'endroit était devenu dangereux.

J'ai bien essayé de récupérer les lieux pour en faire entre autres le Musée de la chanson, mais la municipalité ne voulait pas favoriser le projet à cause du bruit, de la circulation, du danger pour le feu, etc. On avait bâti autour de la Butte. C'était difficile de se battre contre des normes. Tout comme au début de la Butte. À l'époque, ça dérangeait les cultivateurs, aujourd'hui, ça dérange les résidents.

Il nous reste le souvenir d'un endroit authentique et populaire où les plus grands artistes d'une époque sont venus se produire. La Butte aura vraiment marqué l'histoire de la chanson québécoise.

▲ Publicité de cigarettes célébrant les personnalités québécoises.

▲ Revue *Madame*, mars 1975.

◀ On tourne à la Butte.

IL EST PARTI COMME UN COUP DE VENT
LAISSANT LÀ SON CORPS DERRIÈRE LUI
AVEC SES RIDES JUSQU'AU SANG
NU COMME UN VER APRÈS LA PLUIE
MAIS COMME DISAIT SOUVENT PHILIPPE
APRÈS LA PLUIE VIENT LE BEAU TEMPS
ENTRE LES DEUX, ON FUME UNE PIPE
MÊME SI DES FOIS ÇA PREND DU TEMPS...

LAWRENCE LEPAGE

# PERSONNAGES

## TI-PHILIPPE

Parmi les personnages importants qui ont marqué la Butte, jamais je ne pourrai oublier Philippe Gagnon.

Il arrivait de l'Abitibi et s'était loué un petit local en bas de la Butte. Il s'était installé là, dès 1965, chez un voisin, et peu après, je l'ai rencontré et jai commencé à jaser avec lui. Il m'a dit qu'il jouait du violon dehors dans sa petite roulotte et qu'il n'avait pas de travail. Je l'ai donc invité à venir jouer à la Butte et, de fil en aiguille et de manche en pelle, comme il fallait que je creuse la cave de la Butte, il m'a aidé. Peu à peu, les artistes l'ont cotoyé et ont commencé à l'apprécier, alors que, dans le village, on le gardait plutôt à l'écart, car il ne faut pas oublier que, dans ces années-là au Québec, un violoneux, c'était dépassé. Partout dans la province, la plupart des gens avaient accroché leur violon.

Heureusement, cet instrument retrouvera sa popularité quelques années après, mais l'heure n'était pas encore venue. Sauf pour Philippe qui, lui, sans le savoir, en véritable gitan du reel et de la gigue, n'a jamais décroché.

Charlebois l'a rencontré à la Butte, s'est lié d'amitié avec le personnage plus grand que nature et l'a invité à l'accompagner dans ses spectacles. Gagnon a même suivi Charlebois en tournée jusqu'en Californie, où il rencontrera la grande Janis Joplin de qui il tombera amoureux.

Philippe ne savait ni lire ni écrire, mais il connaissait des centaines de chansons. Un être unique. C'était nouveau de voir un violoneux, surtout aussi authentique, doublé d'un poète qui s'ignorait. Si bien que les artistes ont voulu l'intégrer à leurs spectacles. D'ailleurs, Bécaud a fait la même chose avec Monsieur Pointu. Le violon était cet instrument magique qui refaisait surface du ventre de la tradition à travers ses nœuds de bois franc.

Philippe était un gars tranquille, habile et très travaillant. La semaine, il ne prenait pas un coup, ça ne l'intéressait pas. Le samedi, il se lâchait un peu, mais sans extravagance.

Un beau jour, il a décidé de construire la Garouine, une sorte de VR maison. La Garouine a été bâtie chez Louis Hébert à Val-David.

À la même époque, il y avait le musicien Dominique Tremblay qui venait le voir. Ils ont décidé de se faire

▲ Philippe Gagnon et Victoire Goulet.

◄ Le curé de Val-David.

chacun un violon en métal, plus précisément en *stainless steel*, et ont enregistré un disque ensemble, *Ça roule*, en 1973. Par la suite, ils ont fait une tournée avec la Garouine à travers le Québec.

Les gens le percevaient un peu comme le fou du village, mais c'était un philosophe, un poète naturel. Je partais avec lui courir les antiquités. On allait acheter des vieux meubles et, à un moment donné, je me suis mis à acquérir de vieilles autos. J'en avais une quinzaine. On arrivait chez quelqu'un qui avait une automobile 1929 par exemple, qui n'avait pas roulé depuis vingt-cinq, trente ans ; Philippe jouait un peu avec, mettait un peu d'essence, et v'la-t'y pas que ça partait, cette affaire-là. Il touchait à tout. Mécanique, menuiserie, soudure. Il savait tout faire sans jamais avoir rien appris de personne. À sa façon, c'était un génie puisqu'il se suffisait à lui-même.

Il avait des enfants en Abitibi. Sa famille était là-bas. Mais il avait tout laissé derrière lui et avait disparu. C'était un bohème, Philippe, un vrai. Chose rare de nos jours et d'autant plus précieuse.

Sa famille venait de Rivière-à-Gagnon. Je suis déjà allé avec lui les visiter.

Puis, il a déménagé à Montréal pour se rapprocher de Charlebois et du milieu artistique. On se parlait de temps en temps. Il est mort en 1980.

Quant à la Garouine, je crois qu'il l'avait amenée en Abitibi. Elle doit avoir disparu depuis. Dommage, c'était du beau travail. J'ai encore la maquette chez moi.

Philippe a été l'un des personnages importants de la Butte. Après les spectacles, il s'installait dehors et jouait du violon parmi les gens. Il donnait des spectacles les lundis avec Madame Goulet et le Père Anthime.

◀ Philippe Gagnon.

▶ De haut en bas : Gilles Mathieu, Claude Michaud, Raymond Lévesque et Philippe Gagnon.

## LA SAINT-JEAN-BAPTISTE

On organisait également de grosses festivités à la Saint-Jean-Baptiste. Plein de monde y venait et Philippe obtenait toujours un grand succès. Tout était prétexte à la fête : partys, réveillon, épluchettes de blé d'Inde. La Butte n'était pas juste une salle de spectacles. Il y avait aussi des cours de peinture, des soirées de folklore, des après-midi de musique. Une foule d'artistes qui se sont d'abord produits à la Butte sont devenus des gens connus, qui ont accompli un tas de choses dans leur vie. Malheureusement, quand ils retournent en ville, on se perd souvent de vue.

Un soir, en 1964, Tony Roman est arrivé à la Butte et m'a dit : « Moi, je veux faire un long jeu avec Philippe. » Puis, plus de nouvelles. Plus tard, on apprend que le disque est distribué. Philippe n'a pas été payé. Je n'ai même jamais vu le disque en question. Des histoires comme ça, ça arrivait assez souvent.

Pour se faire une idée du personnage merveilleux qu'était Philippe Gagnon, la meilleure façon est de lire ces extraits de l'article paru sur lui, sous la plume de Jean Royer, dans le magazine *Le Maclean*, de juillet 1973 :

▲ Philippe Gagnon au violon avec les enfants.

**« Ancien musicien de Robert Charlebois, ami de la grande Janis Joplin, inventeur du violon électrique en acier inoxydable, grand parleur et grand faiseur, Philippe Gagnon est devenu le châtelain de la Garouine.**

À Val-David, il y a un peu plus d'un an, il a décidé de se construire une maison roulante. L'été dernier, il l'a conduite à l'Île d'Orléans, au théâtre Le Galendor, où il jouait du violon. C'est là qu'il en a terminé l'aménagement intérieur. Ce musicien naïf, comme on dit « peintre naïf », a trouvé sa manière de vivre. Natif de Sainte-Agathe, compatriote du poète Gaston Miron, Philippe Gagnon a fait cent métiers, outre celui de « musicien par oreille ». Il est « ouvrier dans lui-même », comme il le dit. Quant au nom de sa maison sur roues, il lui vient d'une expression de son village :

« Partir en garouine, ça veut dire des milliards d'affaires. C'est décider de faire des choses, pas seulement de les dire. Tu te rends au but. Tu pars en garouine quand tu chantes, quand tu pars pour le bois ou quand tu vas dépenser ton argent…

« J'ai pensé me faire une manière de roulotte, pour être bien dans la vie, pour être heureux, pour être mieux dans ma peau. C'est ça, la vie : faut pas être pris dans un coin. Avec la Garouine, j'ai plus de liberté : alors, j'ai plus de courage, je travaille mieux et je fais des choses meilleures. Je suis chez moi partout, sans déranger personne. La Garouine, c'est comme l'enveloppe de tes yeux. »

On se demande s'il n'est pas « parti en garouine » depuis cinquante-six ans. Il ne tient pas en place… « Je veux rouler, dans la vie. Je veux pas avoir les deux pieds pris dans le ciment. Je veux plus me marier non plus : en Garouine, me voilà rendu garçon.

« Dans le passé, moi, j'ai fait beaucoup de choses. Je bâtissais, mais fallait démolir après. Tout ce que j'ai fait, je l'ai démoli. Aujourd'hui, je prends la vie différente. »

Son éternelle tasse de thé à la main, en se berçant comme lorsqu'il chante sa dernière composition à son ami, confident et gérant Lucien Gagnon, Philippe se met à décrire sa Garouine :

« C'est comme un petit château, mais différent des autres. Je vas la mettre de toute beauté, avec des peintures tout le tour. Ça va donner des idées aux autres. »

Il parle de l'essentiel : le moteur tout neuf de la roulotte, « tendre comme un cœur de femme », puis dans un grand éclat de rire : « Je vas installer une corde à linge sur mon perron, m'acheter un moulin à coudre. J'ai déjà mon moulin à laver, connecté avec le moteur. C'est une femme de Montréal qui avait changé de mari et de moulin à laver. Moi, je l'ai trouvé bon pour la vie, son moulin, comme le cœur de mes vingt ans. C'est pour ça que j'ai écrit dessus, sur la cuve : t'as brassé le cœur de mes vingt ans. »

Aujourd'hui, il y a sur la Garouine une cheminée qui fume. Il s'est construit, à l'intérieur de la maison roulante, un petit foyer qui sert au chauffage et à griller le pain.

Vivre, pour Philippe Gagnon, ça veut dire chanter, faire de la musique et «stepper». Le perron joue un rôle important: «Je veux virer au spectacle avec ça. Mon plaisir, je veux le donner aux autres. Chez nous, sur mon perron. C'est important dans mon affaire.

«Ça me permet de travailler chez nous, de me rapailler vraiment, pour donner un bon spectacle. La question, c'est d'avoir tout mon décor. Et un jour, il va appartenir à beaucoup de gens. Si j'allais à la Place des Arts, je monterais la Garouine sur la scène. Je me sentirais plus chez moi.

«Une vraie maison québécoise avec les bouttes faits en rond, la fleur de lys et les drapeaux chaque bord, puis avec le coq.»

Pour Philippe, le coq de la Garouine est aussi important

que le moulin à laver connecté au moteur et le perron:

«Dans la vie, il faut que tu soyes le coq de toi-même. Pas le coq des autres. C'est pour ça que mon coq est placé en avant de la maison: c'est le coq de moi-même. T'es maître chez vous: c'est dans ses plumes, dans ses ailes.»

Et Philippe se met à chanter fièrement la chanson de son coq:

«Je f'rai la cour aux poules  
Nuite le jour nuite le jour  
Moi j'suis un coq qui chante  
Vive l'amour vive l'amour  
Contentez-vous ma'mzelle  
contentez-vous.»

Ce violoneux de grand chemin est analphabète. Mais comme les autres gitans, il a retenu tout ce qu'il a vu et entendu. «Le vrai talent, ça vient quand une personne est intéressée.» Le violon, il l'a appris «par oreille» des bûcherons qui travaillaient au camp de son père. La gigue, il l'a vue danser chez son défunt frère Omer qui la tenait lui-même du fameux steppeur Philippe Gauthier de Sainte-Agathe. Le goût de la musique lui vient de sa mère «qui nous élevait en chantant» et des mélodies du début du dix-neuvième siècle, mystérieusement perpétuées jusqu'à lui. Quant à la chanson, elle émerge de la vie et de sa mémoire.

«Sur les métiers que j'ai faits, j'aurais beaucoup à te dire.» Ces cent métiers, il les ramasse dans une phrase qui ressemble à sa définition du talent: «J'étais comme ouvrier dans moi-même.»

Trappeur avec les Indiens, «walker pour juger le bois», police provinciale en Ontario («c'était en attendant, j'ai pas fait grand-chose de bon là-

▲ La Garouine. Le dessin du «Yabe violoneux» est de Robert Barbeau.

dedans»), bûcheron, camionneur, mécanicien chez Ford, draveur, forgeron, soudeur, électricien, ébéniste, rapailleur d'antiquités. Il a toujours su tout faire de ses mains, même un extraordinaire violon en acier inoxydable. C'est «natirel», dit-il…

… C'est ce génie d'artisan qui a conduit Philippe Gagnon à la Butte à Mathieu, à Robert Charlebois et au monde du spectacle.

«Ça a adonné de même. À la Butte, j'amanchais les Ford à pédales dans mon petit garage pour Gilles Mathieu. J'allais dans les rangs éloignés pour rapailler les morceaux, puis je faisais des Ford qui marchaient. J'ai fait dix sortes de chars anciens. Après, j'amusais les gens. J'allais jouer dehors. J'ai fait des spectacles… et c'est parti. C'est là que j'ai connu Charlebois.»

C'était en 1962 ou 1963, un soir d'hiver. Il était allé dépanner une voiture. «Dans le char, il y avait un petit frisé qui me dit : c'est moi, Robert Charlebois. Pour moi, c'était un petit nom comme les autres. Le lendemain, je m'en allais travailler avec Félix Leclerc à la Butte. J'aperçois mon petit frisé. J'ai travaillé longtemps avec Robert. Ça a commencé tranquillement. Après ça, on a fait de gros spectacles ensemble : la Place des Arts, Place des Nations et la tournée dans l'Ouest avec Janis Joplin.»

C'était le début de la carrière, pour Philippe Gagnon. Sept ou huit ans, musicien de Charlebois. Des chansons, des reels : *Yes a Pichou*, *Ma délire*, *Le reel de la casa*. La rencontre avec Dominique Tremblay. Un disque : *Ça roule*. […]

Avant de penser à la Garouine, il s'est bricolé un violon : «Ben oui. Mes idées encore. J'ai pensé me bâtir un violon en stainless steel, pour avoir un son différent. Y est-y beau, mon son ? Il est très bon. Je dis pas que c'est meilleur que les autres, mais c'est bon. C'est à moi de continuer. C'est le fun de faire des choses dans la vie. Et c'est important, parce qu'il faut se développer, essayer du nouveau, penser à travailler. Et on s'amuse en même temps.»

Un autre grand rire. Il est content. Janis Joplin disait qu'il a inventé le « eastern sound ». […]

Sa photo est affichée bien haut dans la Garouine. Philippe parle d'elle, morte : « C'est la vie. Voilà. Juillet 1973. »

(Jean Royer, « Le coq de moi-même », *Le Maclean*, vol. 13, n° 7, juillet 1973, p.23, 32-34.)

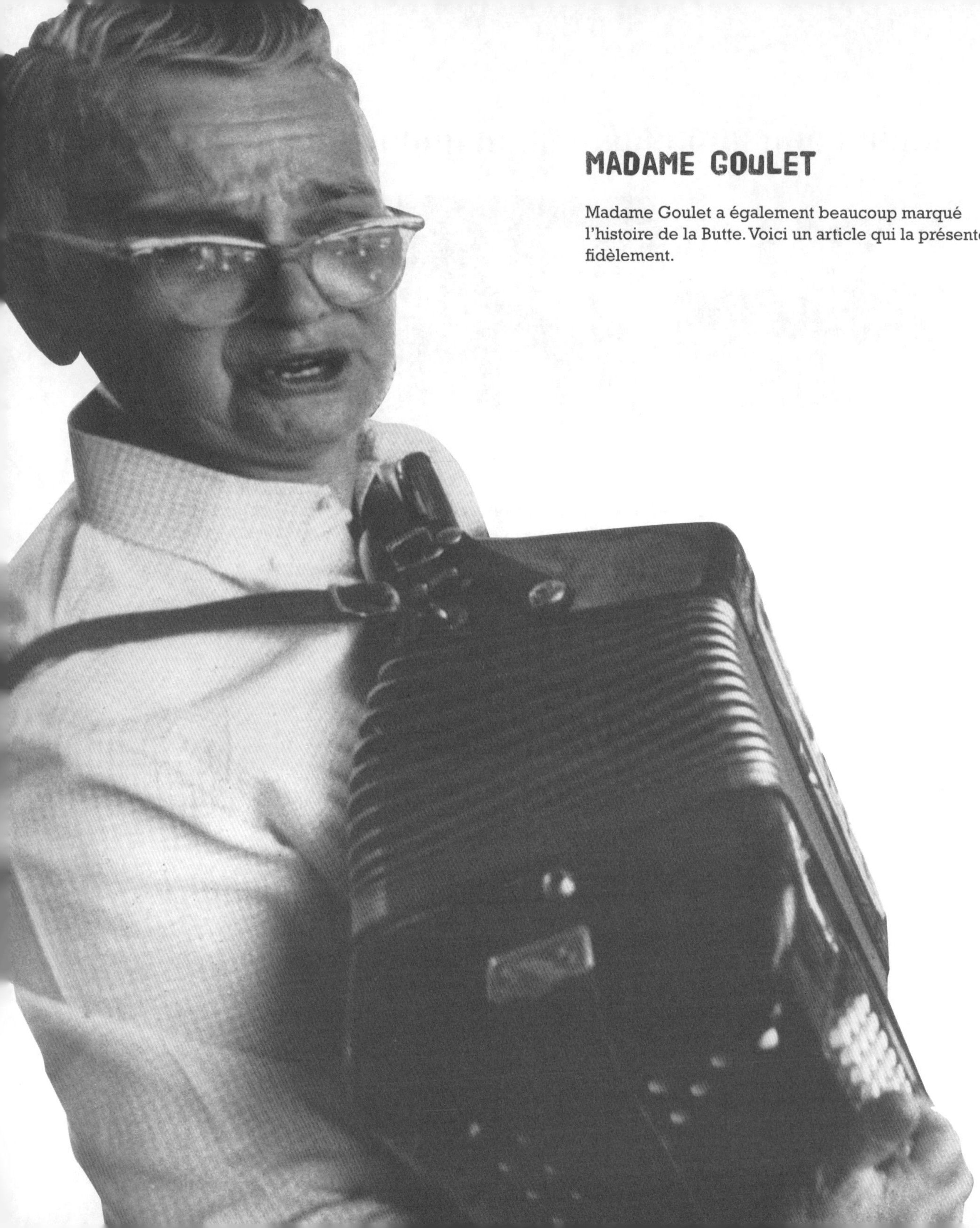

## MADAME GOULET

Madame Goulet a également beaucoup marqué l'histoire de la Butte. Voici un article qui la présente fidèlement.

«

## Victoire Goulet chante pour son plaisir et celui des autres

Article de Bernard Loubat

Dans le «Perspectives» du *Dimanche-Matin* du 21 septembre 1968 (vol. 10, nº 38)

«LA P'TITE MÈRE GOULET, c'est la troisième maison sur la droite, rue Thibodeau. Vous ne pouvez pas la manquer.» La première personne à qui nous avons demandé nous a renseigné. À Sainte-Agathe-des-Monts, tout le monde la connaît. À Val-David aussi et dans toute la région des Laurentides du nord de Montréal. La p'tite mère Goulet, comme on l'appelle familièrement, est retraitée. Elle est âgée de 53 ans et mesure 4 pieds 8 pouces. «J'bats Juliette Béliveau de 4 pouces», dit-elle. Partout où elle va, un ami fidèle la suit: son accordéon.

«Entrez, entrez, j'finis d'me préparer.»

Elle a le cheveu grisonnant, coiffé à la garçonne. Elle est vêtue d'une chemise à grands carreaux noirs et rouges, d'une jupe noire et de bottines. Sur son nez, des lunettes à petites montures cachent des yeux malicieux, pétillants de jeunesse. Nous la faisons monter dans la voiture pour nous rendre à la Butte à Mathieu, à Val-David. Chemin faisant, elle nous apprend qu'elle s'y rend tous les soirs avec une dame qui y travaille.

«Quand on m'a dit que les journalistes me cherchaient pour faire un reportage, j'ai cru que c'était des farces…»

Avant toute chose, elle tient à mettre les points sur les «i», comme on dit. Elle ne veut absolument pas amorcer une carrière dans la chanson. «J'ai ma pension qui me suffit. Si je joue dans les noces ou à la Butte à Mathieu, c'est parce qu'on me le demande, mais surtout pour mon propre plaisir. Rien de plus.»

À la Butte, elle court chercher son piano à bretelles. Puis, sans attendre, elle attaque une gigue endiablée. Son pied frappe le sol avec la régularité d'un métronome. Puis elle entonne *Le p'tit vin blanc*. Tout en se prêtant aux exigences du photographe, elle répond à mes questions. Elle demeure à Sainte-Agathe depuis plus de 30 ans. Elle est seule et n'a aucune famille. À l'âge de 19 ans, elle achetait d'occasion son premier accordéon et apprenait d'elle-même à en jouer. Sa seule base musicale: deux petites années de piano.

«Vous savez, je suis toute seule mais c'est pas les amis qui m'manquent.»

Pour appuyer cette déclaration, elle me raconte qu'elle était allée passer quatre ans aux États-Unis, chez des amis près de Providence. Un jour, un homme lui demande en français de jouer dans un hôtel toute la soirée, pour une noce. Étonnée, elle le regarde et… reconnaît un habitant de Sainte-Agathe en vacances dans la région.

«J'aimais bien les États-Unis mais pas pour y rester. J'parle pas anglais, alors…!»

Assoiffée par cette tirade, elle prend le verre de cidre qu'on lui tend pendant que de l'autre main, elle joue *Prendre un p'tit coup c'est agréable*. J'en profite pour demander à Gilles Mathieu, le propriétaire de la Butte, dans quelles circonstances il a connu Mme Goulet. Cela remonte à un an déjà, au mariage de son frère.

Quelqu'un connaissait la p'tite mère Goulet et lui avait demandé de monter à la Butte à cette occasion. C'est depuis qu'elle remplace, le soir, Philippe (Gagnon) le violoneux quand celui-ci est absent. Pendant ce temps, imperturbable, Victoire Goulet poursuit son répertoire des chansons de la Bolduc et d'autres de son cru. Nous entendons successivement *Les légumes, Y a des gens qui pognent la grippe, J'suis en ménage,* etc., le tout avec un accent indéfinissable et une interprétation très personnelle.

À la fin, nous applaudissons puis apercevons le chansonnier français Ricet Barrier qui passait à ce moment-là à la Butte. « Viens-t'en mon gars, on va chanter. » Et Ricet Barrier se joint à nous pour répondre aux chansons de la folklorique petite personne. Au bout de 20 minutes, c'est lui qui est fatigué et, au moment où il se lève pour aller répéter son tour de chant, Mme Goulet le rappelle : « Pas question, mon gars. J'vais t'chanter une belle chanson d'amour… »

Nous sommes restés en compagnie de la charmante vieille dame de deux heures l'après-midi à minuit environ et c'est nous qui étions morts de fatigue à la fin de la journée. Et quand nous lui avons dit (hypocritement) : «Reposez-vous, madame Goulet, on va vous faire mourir avec nos questions», elle a répondu : «Pas d'danger, quand j'suis avec des jeunesses qui s'amusent, j'ai autant de plaisir qu'eux autres en chantant et en jouant du piano à bretelles ! » Et d'ajouter comme coup de grâce : «J'pourrais rester toute la nuit.»

Avant de partir, je lui ai demandé si elle comptait continuer de jouer de l'accordéon et de chanter longtemps encore. Elle a eu cette réponse merveilleuse : «Du moment qu'les gens m'demandent, j'y vais, et ça

Les "vedettes" n'y étaient pas, mais Victoire a fait le show

durera comme ça jusqu'au bout. J'leur donne du *pep* moi. Tant qu'y-z-en veulent… Pis j'en ai autant qu'eux.»

C'est ainsi que nous avons quitté, à regret je dois le dire, Val-David et les chansons canadiennes de l'inimitable Victoire Goulet, la dernière des vraies.

JE N'AI AUCUN REGRET.
J'AI FAIT UNE BELLE VIE.
J'AI TRAVAILLÉ DUR, MAIS J'AIMAIS ÇA DE MÊME.

GILLES MATHIEU

# UN HOMME LIBRE

UNDERWOOD

Je n'ai aucun regret. J'ai fait une belle vie. J'ai travaillé dur, mais j'aimais ça de même.

Il faut croire qu'il y avait une vie après la Butte, puisque j'ai fait mille et une autres choses pour survivre, à commencer par me consacrer à mon métier de père à plein temps. D'ailleurs, j'ai sûrement donné le goût des arts à mon fils, car il est devenu chansonnier : Mathieu Mathieu, et il m'a fait grand-père dernièrement. Alors, j'ai tout pour être heureux.

En 1978, j'ai été embauché par Kébec-Spec pour m'occuper du théâtre Saint-Sauveur. L'endroit a ensuite été acheté par les propriétaires du Patriote. Plus ça change, plus c'est pareil.

J'ai aussi travaillé en 1978 à concevoir le décor de la boîte à chansons Les deux Pierrots, dans le Vieux-Montréal, en plus de m'occuper d'antiquités, comme j'ai toujours aimé le faire.

À l'été 1982, j'ai lancé le théâtre à Mathieu à Sainte-Agathe-des-Monts où je présentais revues et chansonniers, entre autres avec Denise Guénette. Même si j'ai dû déménager le théâtre à la dernière minute, ce fut une belle expérience. J'en avais vu d'autres.

En 1988, à Saint-Sauveur, j'ai organisé un salon de l'antiquaire.

En 1998, j'ai été reçu citoyen d'honneur par la municipalité de Val-David.

En 1999, les compagnies Analekta et Richelieu ont sorti une série de neuf CD regroupant les spectacles enregistrés à la Butte (voir la discographie à la page 151).

On a fêté régulièrement l'anniversaire de la Butte, le 25e, le 30e et même, en 2009, le 50e où j'ai reçu la Médaille de l'Assemblée nationale du Québec.

J'ai passé un été au Pirate, à Percé, avec le capitaine Ti-Loup. J'avais loué l'endroit pour en faire un café libre, sans prix d'entrée. Ceux qui avaient le goût de venir chanter s'y pointaient et s'installaient. Ce n'était pas plus compliqué que cela. J'y ai passé un bel été avec mon fils et mon frère André.

En 2001, la municipalité de Val-David a obtenu une subvention pour faire l'histoire de la Butte. Des panneaux ont été conçus avec des photos et des textes qu'ils ont installés à l'extérieur dans un sentier avoisinant le site. Ainsi, l'histoire n'est jamais finie.

▲ Gilles Mathieu devant la première enseigne retrouvée en 2008.

La Butte, pour moi, ne mourra jamais. C'est bien normal, puisque bien des années de ma vie tournent autour d'elle, comme une ritournelle. De bien belles années.

Un jour que je visitais un antiquaire, je suis tombé sur la porte du guichet de la Butte, que j'ai reconnue du premier coup d'œil. Je l'ai rachetée et amenée en Gaspésie, dans le village de Cloridorme, où j'ai fait l'acquisition d'une petite maison et du dépanneur du village. À l'intérieur de ce dernier, j'ai installé tous les souvenirs qu'il me reste de la Butte.

C'est curieux comme les mentalités changent avec les époques. Aujourd'hui, si on veut donner un nouveau souffle à un village qui se meurt, on crée un centre culturel avec une ruine, comme on l'a fait avec la Vieille usine à l'Anse-à-Beaufils et ailleurs.

Les possibilités abondent dans ce milieu-là pour ceux qui veulent y gagner leur vie. Il y a toujours de l'espoir.

Nombreux sont les jeunes qui écrivent de belles chansons, mais malheureusement, on ne leur fait pas beaucoup de place.

Je pense avoir parcouru pas mal de chemin et ce n'est pas encore fini. Je suis fier de ce que j'ai accompli.

Je rencontre souvent des gens qui me disent que la Butte est un des endroits dont ils conservent les meilleurs souvenirs de leur vie.

◀ Affiche de l'exposition sur l'histoire de la Butte tenue de 1995 à 2001 à Val-David.

▶ Retrouvailles au 35e : de gauche à droite, en haut : Inconnu, René d'Antoine, Pierre Calvé, Claude Gauthier ; de gauche à droite, en bas : Claude Landré, Yvon Thiboutot, Gilles Mathieu, Raymond Lévesque, Monique Miville-Deschênes, Capitaine Nô (Pierre Leith), Pierre Létourneau.

Encore tout récemment, Robert Charlebois m'a appelé pour que je lui trouve des éléments de décor pour son spectacle *Il était une fois… la boîte à chansons,* qui fait salle comble à travers la province. Entre autres, la première enseigne en bois de la Butte s'est retrouvée sur la scène.

Le 17 mars 2010, j'ai été nommé Chevalier de l'ordre de la Pléiade qui reconnaît la contribution de personnalités aux valeurs de coopération et d'amitié de la Francophonie.

Et maintenant, ce livre dont je rêve depuis longtemps.

Aujourd'hui, je suis un homme libre. Je fais ce qui me plaît. Je suis grand-père à plein temps et je passe mes étés à l'autre Butte, le « Chante-phare », en Gaspésie, dans mon dépanneur où sont exposés les souvenirs de toutes ces années de chanson québécoise. Si de jeunes chansonniers veulent venir y chanter une fin de semaine, ils y sont les bienvenus.

L'hiver, je voyage au Mexique ou à Cuba, car dans le fond j'ai toujours été un bohème. Mais qu'on ne s'y trompe pas, je suis un bohème organisé et, quand je fais quelque chose, je m'arrange pour que ça marche.

Au fond, c'est peut-être ça, un homme libre…

**Vous rappellez-vous certains soirs, chez Gilles Mathieu**...Serge Deyglun, Georges D'Or, Clémence Desrochers, Gilles Gariépy, Yvon Deschamps, Claude Dubois, Louise Latraverse, Claude Lebeau, Paul de Margerie, Danielle Dominique, Alix Lord, Gilles Dreu, Robert Daudelin, Jean Demers, Alain Denis, Pierre Desjardins, Nicolas Doclin, François Dompierre, Cécile Dubé, Paul Dumont, Albert Dumouchel, Pierre Dudan, Stéphane Goldman, Mouloudji, Marie-Josée Neuville, Catherine Savage, Claude Nougarou, Véronique Samson, Les trois Ménestrels, Anne Sylvestre, Germaine Versailles, Félix Leclerc, Claude Gauthier, Suzanne Léonard, Charlotte Gobeil, Claude Michaud, Mirielle Lachance, Guy L'Écuyer, Lucien Robitaille, Jacques Gariépy, Yolande Mercure, Claude Nantel, Gilles Gingras, Jean-Paul Ostiguy, Nicole Saint-Jeau, Jacques Aubry, Serge Mondor, Michel Gagné, Michelle Pagé, Solange Bisson, Guy Lessonini Tremblay, Pierre Morissette, Nicole Martin, Réal V. Benoit, Jean Gauguin, Alain Crevier, John Damant, René Homier Roy, Marcel Marjo, Pierre Dupras, Judith Ouimet, Jean-François Hubert, Ricet Barrier, Boby Hache, Guy Boramans, Louis MorissetteFrançois Léveillé, Martin Pelletier, Jean Fortier, Raymond Lévesque, Donald Lautrec, Marie Laberge, Jacques Kable, Marie Savard, Mathieu Mathieu, Guy Lesage, André Laplante, Jean Gobeil, André Métivier, Les Cailloux, Marie Versailles, Les Quatre-vingt, Louis Arpin, Michèle Deveroed Les Alexandrins, Les mamelles de l'humour, Claude Gagnon, Isabelle Pierre, Willie Lamothe, Gaston Miron, Les Karik, Michel Pelland, Marthe Fleurant, Les Alucites, Les Mortuaires, Monsieur Pointu, Lise Thouin, Daniel Guérard, Stéphane Venne, Alain Lamontagne, Plume Latraverse, André Gagnon, Benoît Marleau, André de Montmorency, Judith Paré, la famille Thibodeau, Gilles Vigneault, Pauline Julien, Christian Larsen, Claude Saint-Denis, Pierre Létourneau, Claude Léveillé, Raoul Roy, Alexandre Zelkine, Richard Huet, Monique Leyrac, Janou Gagnon, Fernand Dufresne, Marc Gélinas, Andrée Beck, Denise Legrand, Roger Bergeron, Lucille Horner, Alain Joc. Jolicoeur, Réné Pratte, Robert Lise Ruel, Marcel Séguin, René Laplante, Gaëtane Laplante,Claude Désy, Sylvain Giguère, Guy Jacquetin, Michel Perrin, Charles Meunier, Yves Préfontaines, Yvan Pelland, Jean Simon, Yves Allard, Yvan Viau, Michel Robert, Françoise Chartrand, la famille Grant, Charlotte Harvey, Diane Labelle, Mario Poudrette, André Melançon, Claude Prévost, Nicole vanier, Yolande Cadrin, Pauline Talbot, Marcel Charbonneau, Claude Landré, Melisa Gray, André Bernard Tremblay, Louise Vallée, Jérôme Lamay, Marie-Claire Séguin, Richard Séguin, Carmen Montessieux, Armand Vaillancourt, la famille Sarrazin, Benoît Fauteux, Michel Charbonneau, la famille Dufour, Pierre Calvé, Bobino, Le père Antime, Gilles Robert, Maurice Aveline, André Sarazin, Georges Lebel, André Richard, Ingrid Soumar, Albert Fournel, Louis Hébert, Guy Latraverse Jacques Ouimet, Luc Deslauriers, Nicole Braun, Florent Saint-Louis, Melkior, Jean-Louis Dufresne, Jacques-Gaby Lambert, Michelle Verner, Diane Jutras, Micheline Vanier, Monique Saint-Onge, Marthe Choquette, Gilles Boisvert, André Beauregard, Jean Noël, Francine Legrand, Diane Dufresne, Raoul Duguay, Francine Dufresne, Germaine Dugas, André Versailles, Serge Otis, Nicole Richard, Jacques Gagné, Hélène Demontigny, Jacques Calvé, Janou Florence Gagnon, Monsieur Surprise, Pépine, Louise Robert, Louis Gascon, Jacques Brel, Richard Laverdure, Michelle Laverdure, le trio Tlaloc, Claude Lafortune, la famille Saint-Louis, Michel Faubert, Danièle Ouimet, Denis Laviolette, Michel Messier, Mario Hart, Marie-Andrée Dufresne, Roger-René Monette, André Lacroix, Yvon Thiboutot, François Laplante,Valentin, Lucie Brunet, Albert Gratton, Marie Laplante, les frères Leroux, Michel Robidoux, Céline Lomez, Gérald Corbeil, Ambroise Lafortune, Robert Charlebois, Gilles Campeau, Lise Chayer, Paul Chanteraine, Rénée Claude, Bernard Chaudron, Louise Chaudron, Jean-Pierre Coallier, Colette Chabot, Pierrette Champoux, Cécile Dufresne, Alfred Dufresne, Jean Lassalle, Michel Chartrand, Élizabeth Chouvalidze, François Cousineau, Claude Coutu, Émile Chevalier, Clairette, Lise Cousineau, Christine Charbonneau, Georges Casavant, Jacques Blanchet, Hérvé Brousseau, Andrée Boucher, Michel Bélanger, François Brunet, Édith Butler, Jean Bissonette, Richard Bizier, Jocelyn Bérubé, Pierre Brabant, Gaston Brisson, André Bertounesque, Louise Blanchard, Yves Blais, Jean-Jacques Shatoième, Percival Bloomfield, Guy Béart, Luc Phaneuf, René Malo, Dominique Tremblay, Michel Donato, Richard Martin, Yves Lapierre, Michel Conte, Yves Massicotte, Gros Pierre, Paul Gélinas, Rod Tremblay, Mouffe, Marcel Lefebvre, Michel Robidoux, Pierre Shea, Gilles Richer, Pierre Lefebvre, Michel Brouillette,Jacqueline Vezina, Pierre Béluze, Vic Vogel, Jacques Ferron, Pierre-Michel Gagnon, Lucien Gagnon, Yves Leclerc, André Perry, Jean-Marie Dasylva, Lise Dasylva, Jean Letarte, René Letarte, Henri Abadi, Normand Bouchard, Red Mitchell, Judy Richards, Julie Harel, Paul Baillargeon, Francine Grimaldi, Gilles Lord, Claude Péloquin, Michel Sabourin, Lise Aubut, Jean-guy Chapados, Yvan Dufresne, André Saint-Denis, Philippe Gagnon, Robert Toupin, Gaëtan Vézina, Oncle Charlie, John Cordel, Ronald Labelle, Michel Gélinas, Jean-Claude L'Espérance, Luc Cousineau, Lise Payette, J.P. Rickner, Robert Gadouas, Daniel Lazare, Michel Séguin, Louise Portal, Angèle Arseneault, Pierre Jobin, Yvan Gadouas, Gilles Talbot, Bernard Spickler, Freddy Balta, Gaston Rochon, Frank Dervieux, François Guy, Presilla, Maurice Achard, Jean-Pierre Ferland, Jean-Paul Filion, Louise Forestier, Frank Furtado, Louis Forest, Jean Lacasse, Suzanne Roland, Gérald Godin, Jocelyne Goyette, Gilles Grenier, Andy Harvey, Albert Janel, Michel Laflamme, Philippe Laframboise, Marc Laurendeau, Jean Leblond, Yolande Lesage,

Jean-Claude Lord, Reine Malo, André Marcoux, Paul Ménard, Guy Ouvrard, Daniel Pilon, Guy Potier, Pierre Tassé, Betsy Gélinas,Jacques Fortier, Pierre Gobeil, Jacques Guay, Claudette Saint-Pierre, Suzanne Jacob, Monique Lacasse, Jacques Laflèche, Marcel Léger, Charlemagne Landry, Réjean Lebeau, Jean-Pierre Légaré, Lucie Desmarais, Réginald Martel, Jacques Michel, Francine Dufresne, Pallacio Morin, Jean-Paul Dufresne, Offenbach, Jean Guindon, Les Girls, Toulouse, Jean Lapointe, Pierre Brousseau, Élizabeth Lesieur, Georges Langford, Roger Fournier, Suzanne Bougie, Madame Blackburn, Robert Grégoire, Alexandre Dufort, Manon Labelle, Jean-Marc Garant, Pauline Aubut, André Sarrazin, Roger Campeau, Lawrence Lepage, Monique Miville-Deschênes , Henri Tranquille, Denise Legrand, Pierre Duceppe, Louise Saint-Louis, André Saint-Louis, Les Paranoïaques, Réginald Larivière, Mikaeline, Claire Harel, André Harel, Guy Saint-Georges, Murielle Saint-Georges, Pierre Leroux, Jeannine Leroux Guillaume, Jules Arbec, Henri Tachan, Henri Des, Victoire Goulet, Michel Klippstiehl, Pascal Lennad, Pierre Verreau, France Verreau, Alain Clavier, Fernand Fournier, Yves Leblanc, Thérèse David, Jocelyne Pelchat, Nicole Perrier, Gilles Carle, Suzanne Gobeil, Marc Latraverse, Michelle Latraverse, Olivier Guimond, Gilles Leclerc, Édouard Rémy, Monique Mathieu, Charles Aznavour, Jean-Pierre Payette, Claude Préfontaine,Francine Chaloux, M. Vandewater, Sam Guesser, Rocky, Yves Doenias, Marie-Josée Raymond Platio, André Dubois, Aline Chalifoux, Michèle Page, François Chaudron, Pierre Luc, Michel F. Breault, Jean Lacasse, Marguerite Lacasse, Bernard Janel, Luc Plamondon, Danielle Proulx, Maurice Mathieu, Claude Boulianne, François Charbonneau, Franco Cavazini, Rodolphe Touchette, Marie-Marthe Touchette, Gérald Beaulne, Claude Mathieu, Jean-Guy Boulianne, la famille J.L. Mathieu, Madeleine Grant, Lucien Thibodeau, Julien Saint-Louis, Henri Ménard, Lorette Fournelle, André Morais, André Davidson, Diane Legrand, Monique Proulx, Pierre E. Trudeau, Nicole Vanier, Élise Cartier, Jacques Beauchamp, Émilien Vallée, Jean V. Dufresne, André Robert, Réginald Boisvert, Bob Boursier, Guy Boucher, Pierre Labelle, Gilles Lefebvre, Louise Marleau, François Tassé, Denise Brousseau, Louis de Santis, Michel Maillot, Margot Lefebvre, Toto Gingras, Pierre Péladeau, Jacques Duval, Louis Tavan, Gaston Savard, André Mathieu, Paul Mercier, Francine Saint-Jean, Colette létourneau, Benoit Dufresne, Bernard Allard, Niquette Delage, Yves Lasnier, Louis Cournoyer, Denis Lavoie, Jean-Paul Sylvain, Jean Savard, Marcel Séguin, Claude Lusignan, Yves Dasylva, Jojo Parent, Arthur Mathieu, Henriette Morin, Yvon Saint-Louis,Jean Morin, Claire Morin, René Lévesque, René Robitaille, Mireille Lemelin, Mia Ridez, Maurice Rivard, Yvan Lapointe, Michel Saint-Jean, Claude Coutu, Pierre Bouchard, Scotty Bowman et les joueurs du Canadien, Jacques Fauteux, Serge Grenier, Gilles Houde, Jacques Matti, Jacques Normand, Jean Rafa, Pierre Bourgault, Fernand Robidoux, André Rufiange, Michel Trahan, Michel Barrette, Manon Bernard, Guy Darcy, Pierre Lalonde, Ginette Ravel, Hélène Catellat, Julien Lippe, Michel Saint-Amant, Yves Trudeau, Pierre Girard, Guy Trépanier, Jacqueline Lemay, Paul Cliche, Lucie Desmarais, Louise Cournoyer, Marcel Pinsonneau Duquene, Maurice Clairmont, Hubert Lapierre, Jean Laberge, Pierre Teasdale, Robert Lemieux, Alexina Rollin, Madame Nicole, Robert Brazeau, Ginette Brazeau, Yves Laferrière, Claude Dansereau, Louis Daviault, Michelle Dalpé, France Castel, Claude Desaulnier, Henri Périn, Pierre Périn, André Payette, Gilles Beauregard, Johanna Zumstein, Éva, Gilbert Langevin, Denise Varin, Denise Brunet, André Brunet, Claude-Henri Grignon, Pierre Savard, Lise Roy, Adélard Ratelle, Gilles Houde, Gilles Coutu, Solange Chaput-Rolland, Maurice Lord, Suzanne Boyer, Yves-Gabriel Brunet, Micheline de Passillie Sylvestre, Francine Racette, Louise Racette, Daniel Gadouas, Monique Carle, Pierre Lamy, Suzanne Famelart, Marcel Saint-Germain, Mireille Beaulu, Pierre Beaulu, Bernard Dagenais, Monique Brunet, Alfred Desrochers, Lise Béland, Dan Murry, Benoit Gignac, Laurent Crevier, Pierre Décary, Daniel Mandreshora, J.P. Bisson, Ben Bergeron, Raymonde Benmouyal, Mousse, Yvon Saint-Pierre, Réjean Paquin, Joël Denis, Yvette Beauvais, Ronald Paré, Alain Tremblay, Daniel Piché, Richard Johnson, le trio "Mes frères", Paul Rose, Michelle Rossignol, Anne Roberge, Claude Vermette, Mimi Desté, Hélène Lamontagne, le père de la Sablonnière, Ronald France, Gauguin Larouche, Michel Desrochers, Luc Durand, Daniel Frappier, Hélène Bizier, Jacques Desrosiers, Maurice Rivard, Monique Pierre Dagenais, Yvan Dubois, Marc Lacasse, Maurice Côté , Jean-François Guitté, Anne Gélinas, Michelle Tisseyre, Mathias Rioux, Aline Desjardins, Janou Saint-Denis,, Daniel Fontaine, Michou, Nicole Charbonneau, le notaire Gauthier, Claude Filion, Pierre Blain, Ronald Lamoureux, Doris Lussier, Babord, Pierre Laviolette, Christiane Boileau, Suzanne Guitté, Rodrigue Guitté, Michel Mc Farlaine, Francis Legrand, André Lacombe, Robert Myre, Jean-Pierre Lefebvre, Jacques Leduc, Bob Leduc, Louis Saint-Pierre, Patrick Straham, Maurice Richard, Gerry Boulet, Pierre Harel, Édouard Rémi, Micheline Audette, Gérard Chapdelaine, Ernest Legault, Monique Dussault, Rodolphe Guay, Georgette Dupéré, Pierrette Létourneau, Butch Bouchard, Pierre Guillaume, Elmo Dionne, Lucile Dionne, Anita Saint-Pierre, Magloire Saint-Pierre, Pierre Régimbald, Les Cyniques, Robert Paquin, Louise Turcot, Pierre Gariépy, Colette Quesnel, André Larose, Pierre Sylvestre, Christiane Roy, Jean Brodeur, Jean-Pierre Sénécal, Denise Charbonneau, André Jac, Michel Tremblay, Guy Lepage,Danièle Oddera, Les Jérolas, Mariette Lévesque, Marie-Josée Longchamps, Les Séguin, Denise Guénette

**vous, et tous les autres ?**

NOUS PRENDRONS LE CHEMIN
NOUS PRENDRONS NOTRE ENFANCE
UN PEU D'EAU ET DU PAIN
ET BEAUCOUP D'ESPÉRANCE
NOUS SORTIRONS PIEDS NUS EN SILENCE
NOUS SORTIRONS PAR L'HORIZON...

COMPLOTS D'ENFANTS
FÉLIX LECLERC

# LA SUITE DE LA CHANSON APRÈS LA BUTTE

Parallèlement à cette éclosion de nouveaux lieux culturels dans les environs de la Butte en 1976, plusieurs phénomènes ont contribué à enfoncer le clou dans la tombe de la chanson québécoise comme elle était à l'époque. Comme la majorité des chansonniers chantaient l'indépendance et la liberté, à partir de 1976, avec la progression du Parti Québécois, jusqu'à l'élection de novembre, ils avaient commencé à penser que la démocratie prendrait le relais de leurs luttes, mais ils se sont vite rendu compte qu'eux aussi avaient été floués, surtout après le référendum de 1980.

La République de la Butte, malgré ses bonnes intentions, ne pouvait pas seule, évidemment, mener le peuple jusqu'à la République du Québec et allait disparaître la même année que l'arrivée au pouvoir du Parti Québécois. Le fait que les gens de la Butte étaient favorables à l'indépendance explique-il en partie le refus d'une subvention par le ministre libéral L'Allier ?

Alors qu'on croyait le pays à portée de souffle, de vue, de main, d'histoire, voilà que celui-ci retournait à l'histoire du Canada pour un autre chapitre.

La plupart des chansonniers, qui avaient chanté le pays pendant des décennies, s'en sont trouvés les premiers démobilisés, avec un sentiment de trahison qui ne leur donnait aucunement le goût de chanter des chansons, laissant ainsi la place vacante aux nombreux humoristes en devenir qui attendaient déjà depuis un moment dans les coulisses que leur tour arrive…

Et les gens les plus conscientisés, les plus politisés qui y avaient cru pendant des années, qui s'étaient battus pour que ça arrive enfin et qui étaient, pour la plupart, ce public fidèle des boîtes à chansons, ont été extrêmement déçus, démobilisés, ayant le sentiment, à la limite, d'être trahis par ceux qui leur annonçaient la terre promise, alors que le peuple se refusait, de lui-même, cette libération tant attendue.

Le peuple, le public n'avaient plus vraiment le cœur aux chansons à texte, à message, se retrouvant plus que jamais, comme l'a si bien dit, dans une chanson-culte, un des pionniers de la Butte, au bord d'un « Québec mort ou vivant »…

On ne veut plus, pour le moment du moins, de ces chansons vantant les mérites d'un pays illusoire. Même les chansonniers, tout autant que le peuple, se trouvent démobilisés. Tant et si bien que plusieurs accrochent leur guitare et que d'autres disparaissent, le temps de se refaire une santé politique et sociale. D'autres encore décident de repartir du début et de s'adresser à un tout autre public, celui des enfants, de la jeunesse, comme Gilles Vigneault par exemple, qui avait été un des premiers, par la bouche de Jacques Labrecque, à rêver que la province « trousse son jupon ».

Vigneault fait un disque et des livres pour enfants et se produit dans des spectacles-causeries dans les cégeps. C'est sa façon à lui, très louable d'ailleurs, de reprendre le bâton de pèlerin, tout en continuant à rêver avec amertume au pays souverain qu'il a tant chanté sur toutes les scènes du monde, avec tant de générosité et de conviction.

D'autres, moins modérés, comme Raymond Lévesque, s'acharneront sur le message en cognant sur le clou convictionnel comme un forgeron martèle le fer libertaire, entre la faucille et l'enclume.

Mais, lui aussi se lancera dans de nouvelles prophéties, le temps de guérir d'une si cruelle trahison populaire. Ses nouveaux textes verseront dans la « verdure », parlant de pollution, dénonçant l'argent et le pouvoir, lequel enrichit les riches et appauvrit les pauvres. Son discours n'en sera pas moins militant, mais se transportera à un niveau mondial, avec la chronique annoncée d'une planète en débâcle sur tous les plans, écorchant au passage les militaires, le pouvoir, la religion et tous ces régimes qui asservissent la croyance au nom du profit.

Il faut dire que les temps changent. Pratiquement deux décennies ont coulé du fleuve à la mer depuis *Notre sentier*, dans lequel Félix pavait le chemin à tous ceux qui viendraient après lui, jusqu'au début de la fin proprement dite des boîtes à chansons.

Pendant que la chanson se retire, que les groupes arrivent et que la chanson anglophone joue du coude pour se tailler une place sur les ondes de toutes les radios d'État et les radios locales, l'humour installe son rire gras au cœur d'une toute nouvelle industrie autre-

La fin d'une époque à Val-David

La semaine dernière, on procédait à la démolition de ce site chargé d'histoire qui fut un important lieu de diffusion culturel dans les Laurentides. Dommage.

La Butte à Mathieu

ment plus lucrative pour ceux qui la produisent que pour les forcenés du pic et du rappel avant eux.

Au Québec, à ce moment, on prêfère ne plus trop penser à ce qu'on aurait pu devenir et on se lance dans la diversion, celle qui parle fort et descend bas et qui permet de rire, à juste titre, de soi.

Ce nouveau marché de l'humour contribuera pour un temps à hypothéquer, et le mot n'est pas trop fort, le monde de la chanson québécoise, qui devra passer du mode artisanal au mode « industriel », le terme « industrie » servant désormais à désigner ce secteur.

La montée du phénomène de l'humour a pris davantage d'ampleur après la défaite du référendum de 1980. Le public, qui s'était senti floué par ce rêve d'un pays à faire, ne voulait plus réfléchir. Il voulait rire, rire pour oublier qu'encore une fois on venait de passer à côté de notre rêve, qu'on venait à nouveau de s'en faire passer une petite vite, comme c'est monnaie courante depuis la Conquête. Et, le pire, c'est que ça ne s'est pas arrangé depuis…

En effet, l'humour est désormais sur toutes les scènes du pays. Les humoristes font la vie dure aux chansonniers devenus chanteurs, artistes de scène. On ne veut plus avoir à penser. On veut rire, le plus grassement possible. Ce qui a fini de contribuer à la disparition des boîtes à chansons et, par le fait même, des chansonniers, dont plusieurs, ayant flairé le vent de changement, en profitent pour changer de camp et passer de la chanson à l'humour, comme François Léveillé qui était chansonnier au départ et qui a chanté plusieurs fois à la Butte. Même chose pour Pierre Labelle, qui a connu pas mal de succès en tant qu'humoriste, après plusieurs décennies de chansons.

Autre temps, autres mœurs, mais le souvenir de la Butte restera toujours vivant dans la mémoire.

IL EST UN TEMPS DE JOIE
IL EST UN TEMPS DE PEINE
IL EST UN MOIS D'OCTOBRE
IL EST UN MOIS DE MAI

LE TEMPS DE NOUS AIMER
SYLVAIN LELIÈVRE

# TÉMOIGNAGES

## LA BUTTE À MATHIEU

## *par* Raymond Lévesque

En commençant ses spectacles le 17 juin 1961, la Butte à Mathieu déclencha une fête qui dura, pour ma part, douze ans. En ce temps-là, nous étions tous des débutants (sauf moi, qui avais fait Paris). Nous étions tous plus jeunes : Robert Charlebois, Jean-Guy Moreau, Pierre Calvé, Marc Gélinas composaient l'essentiel de la bande. D'autres comme Gilles Vigneault, Stéphane Venne venaient y chanter, mais ne faisaient pas partie de la bamboche.

Après les spectacles, nous nous retrouvions au Mont-Condor, au Manoir du Lac Millette, au Sun Valley pour rire et nous amuser. Pour ce qui est de nous restaurer, nous allions ou bien Au Petit Poucet de Val-Morin ou chez Pep, à Sainte-Adèle. Les soirées se terminaient toujours très tard et étaient bien arrosées. Gilles Mathieu nous regardait aller, stoïque et tolérant.

À cette époque, je présentais des revues humoristiques avec Guy L'Écuyer, Andrée Boucher, Benoît Marleau, Mireille Lachance, Claude Michaud, Louise Roux, Mariette Lévesque, Manon Bernard, Lise Thouin, Élizabeth Lesieur, Marie-Josée Longchamps et quelques autres dont ma mémoire infidèle ne retrace plus les noms.

Durant les trois premières années, pour rapailler un public encore pas très nombreux, j'écrivais trois revues que nous jouions quelques semaines. Pendant qu'on occupait la scène l'après-midi, nous répétions la suivante. Par la suite, je me limitai à deux.

Le succès de mes revues reposait surtout sur les épaules de mes deux comiques, soit Benoît Marleau et Claude Michaud. Toujours très drôles, ils ne me firent jamais faux bond. L'un me donna la réplique pendant cinq ans et le suivant, pendant sept ans.

La Butte à Mathieu fut la première boîte à chansons avec, précédant de peu, Chez Bozo. Elle fut aussi un tremplin pour les auteurs-compositeurs, qui y chantaient durant toute l'année. Pour arrondir ses fins de mois, Mathieu faisait aussi dans les antiquités, mais pas dans les vieux chaudrons, plutôt dans les vieilles voitures, les carrioles, les bahuts ou les grosses armoires.

Par la suite, bien des théâtres d'été présentèrent des comédies. Mais des revues d'actualité se moquant de nos hommes politiques, cela resta une spécialité de la Butte.

Aujourd'hui que nous sommes devenus vieux, nos meilleurs souvenirs se rapporteront toujours au bon temps de « la Butte à Mathieu ».

**Raymond Lévesque**

UN BÂTISSEUR ET UN PIONNIER…

*par* **Christian Larsen**

## La Butte - 50e anniversaire - Le 28 novembre 2009

À l'hiver 1960, mon ami Émile Chevalier m'a fait rencontrer un gars qui «pourrait m'aider»… J'avais des chansons plein les poches, mais pas d'endroit où les chanter. J'ai donc fait la connaissance de Gilles Mathieu qui m'a parlé de sa boîte à chansons de Val-David. Homme de peu de mots, simple et direct, Gilles m'a invité sur-le-champ à chanter à la Butte le samedi soir suivant.

J'ai donc pris l'autobus à Montréal et suis arrivé à Val-David à la noirceur. Je m'attendais à débarquer dans une grande salle de spectacle, mais je me suis retrouvé devant une sorte de hangar.

La première Butte était nichée au mitan d'une côte, au deuxième étage d'un ancien poulailler. Sous un plafond bas, la fumée déroulait ses pétales mystérieux et des chandelles promenaient des lueurs blafardes sur de beaux visages de filles assises sur des coussins. Je n'avais jamais vu un tel décor, une telle ambiance. C'est dans cet ancien poulailler que des jeunes assoiffés de chansons de qualité assistaient chaque semaine à l'éclosion de nouveaux talents.

J'ai chanté quelques chansons. Le public était chaleureux. On s'est passé le chapeau, j'ai recueilli quelques dollars et suis retourné à ma vie d'artiste bohème. Je suis revenu chanter à la Butte en décembre avec André Laplante et Raymond Lévesque.

L'été suivant, j'ai rencontré Gilles Mathieu à Percé. On a passé quelques jours à bavarder, à faire de l'œil aux filles et des jeux de mots. Gilles m'a offert d'aller vivre avec lui à la Butte et d'y travailler comme animateur. Entre-temps, la Butte avait grimpé la côte et s'était installée dans un ancien atelier de bois qui chante…

Je me revois ce jour d'automne, arrivant à Val-David, avec ma petite valise bleue. J'allais y demeurer jusqu'en mars 1961. Une nouvelle vie débutait pour moi. Le samedi soir, je présentais les artistes et chantais moi-même mes chansons. Durant la semaine, j'assistais Gilles dans ses travaux de menuiserie.

Gilles était tout un homme : il pouvait démolir un mur pour en bâtir cinq autres et agrandir la Butte en quelques jours, en prévision du spectacle d'une vedette comme Deschamps ou Vigneault. Il pouvait d'un coup de marteau ou de pinceau faire saillir la beauté, l'imprévu, l'insolite. Il a été un bâtisseur et un pionnier. Sans bourses ni subventions. Il a tenu la Butte à bout de bras pendant près de 20 ans.

Les jours de spectacle, durant l'hiver, nous commencions à chauffer les poêles le samedi matin. Je charriais le bois et le charbon. Gilles faisait jouer du Ferré, du Brassens. On était jeunes, insouciants et heureux. Un peu plus tard, durant l'hiver, Claude Gauthier est venu demeurer avec nous.

Le soir, nous sortions nos guitares et nous faisions danser jusqu'à l'aube les fées des blanches poudreries. Mais soudain, nous cessions de jouer. Dans deux ans, dans cinq ans, où serions-nous ? Qui nous ferait vivre ? Nous ne serions ni notaires, ni médecins, ni hommes d'affaires.

Une nuit, j'ai écrit les paroles des *Oies blanches* et Claude, la musique. Il faisait 40 sous zéro. On entendait les lièvres se frotter les pattes sur les bouleaux pour se dégeler.

Le 10 juin 1961, un événement sans pareil eut lieu à la Butte. Les voitures affluaient par centaines à Val-David. La ville était en émoi. Deux géants s'amenaient pour y ébranler les colonnes du temple. Je présentai d'abord de la façon suivante le premier (j'avais un trac fou) : « Directement de Natashquan, et en passant par Québec, voici Gilles Vigneault. » Quand Gilles se mit à giguer, la salle éclata. Les gens reconnurent leurs racines, leur parlure, leur identité. Je présentai l'autre géant vers 10 heures. C'était Félix… en personne, qui voyait ce jeune bouleau de Vigneault commencer à lui porter un peu ombrage. Quel moment de grâce : Vigneault et Leclerc le même soir, pour le même bonheur.

La Butte a été un cadeau de Dieu pour les amoureux de la vraie chanson et une bénédiction pour les jeunes artistes qui cherchaient une petite boîte où chanter leurs chansons. Pour les citadins, c'était toute une fête que d'emprunter la route des Laurentides, traverser les montagnes et découvrir la magie bucolique de cette Butte. Se laisser bercer un soir d'été par une chanson de qualité et le chant des grillons. Une chanson sans artifices, sans systèmes.

La Butte a été un haut lieu de bonheur, de rencontres, de spectacles de qualité.

Les petites barques aventureuses charrient plus de trésors que les hauts cargos de l'intelligence… Les petites boîtes aussi.

Merci, Gilles. L'ami le plus fidèle de ma vie.

**Christian Larsen**
Chansonnier-poète
Gatineau

## UN ARRÊT OBLIGÉ SUR LA ROUTE DU NORD

*par* **Pierre Calvé**

C'est pendant l'hiver, en 1960. Gilbert Létourneau, un copain de classe que je n'ai pas revu depuis plusieurs années, m'invite à l'accompagner à Val-David, dans un endroit appelé La Butte à Mathieu. J'y fais la rencontre de Claude Gauthier et Christian Larsen, ainsi que de Gilles Mathieu. Tout de suite, nous sympathisons. Je suis séduit par l'endroit et surtout par la qualité du public qui écoute les artistes avec respect.

Cette visite correspond à une époque charnière pour moi, car c'est à ce moment que j'ai décidé que je ferais le métier de chansonnier. Je ne suis jamais retourné sur les bateaux.

Plusieurs fins de semaine, je me suis retrouvé à la Butte pour y voir et entendre Gilles Vigneault, Claude Léveillée, Claude Gauthier, Pauline Julien, Jean-Paul Filion, Raymond Lévesque et combien d'autres, avant que d'y chanter moi-même.

La Butte à Mathieu a eu le mérite de durer malgré des périodes parfois très difficiles. Rares sont les endroits qui ont résisté aussi longtemps. Faire rouler une boîte à chansons pendant plus de 15 ans tient de l'exploit, sinon du miracle.

Beaucoup de choses ont été racontées au sujet de la Butte. Que ces choses soient vraies ou fausses, il est indéniable que ce qui émane à la fin de toutes les légendes et de tous les racontars, c'est la présence à Val-David d'une véritable pépinière où se sont produits la plupart des artistes qui ont fait partie de plusieurs pages de l'histoire du Québec et de la Révolution tranquille. Il serait dommage que cette partie de nous se retrouve dans l'oubli.

Gilles Mathieu n'est pas un homme d'affaires. Je crois sincèrement que jamais il n'a essayé de duper qui que ce soit. Il a connu des difficultés et je sais que certains artistes intransigeants n'ont pas voulu comprendre combien le fardeau d'assumer un endroit semblable pouvait être lourd et exigeant.

S'il se bat encore pour que survive ce qui reste des ruines de son domaine, c'est qu'il y a mis toute son énergie et une grosse partie de sa vie.

Plusieurs tentatives ont échoué pour faire de la Butte à Mathieu un musée, un site patrimonial, un arrêt obligatoire sur la route du Nord ou, tout simplement, un bouche-trou de mémoire.

Heureusement, si un livre est écrit au sujet de la Butte et si, de temps en temps, un rassemblement de vieux nostalgiques accompagnés de leurs vieux enfants viennent à passer dans le coin, je souhaite qu'il y ait une marque évidente qui témoigne de cette belle aventure qui a débuté il y a 50 ans.

Merci, Gilles Mathieu ! Tu auras fait ta part !

## UN TREMPLIN EXTRAORDINAIRE

*par* **Claude Gauthier**

Avec et sans jeu de mots, la Butte à Mathieu aura été, au début des années soixante, un tremplin extraordinaire, olympique dirais-je, pour les auteurs-compositeurs-interprètes du temps. Tous et toutes appelés « chansonniers », appellation consacrée, née sans doute de la Butte, aurons rencontré un public avide de chansons et fasciné par ces lieux fabuleux imaginés par Gilles Mathieu.

Merci, Gilles, d'avoir permis cet épanouissement culturel et collectif des années soixante et de la Révolution tranquille du Québec.

## AMI GILLES

### *par* **Claude Léveillée**

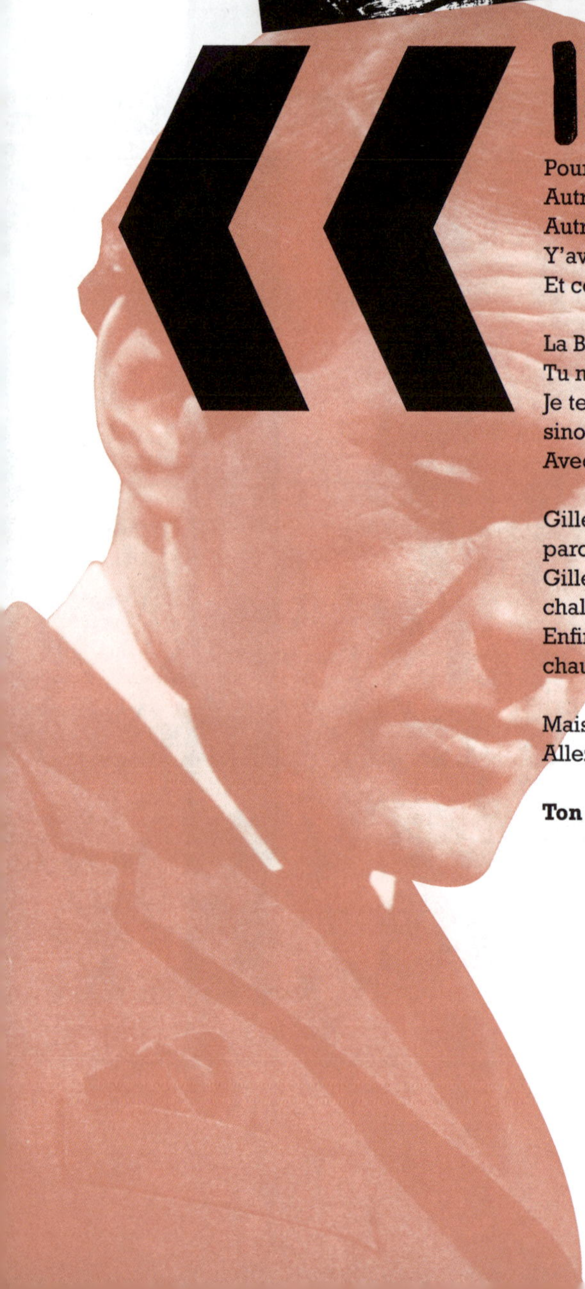

Il fut un temps où tu étais gardien d'un temple, c'était le Monastère de la chanson québécoise.
Nous portions la barbe, nous buvions du vin béni par nos poésies, les disciples se pressaient dans la boîte
Pour entendre autre chose que du latin,
Autre chose que la musique américaine,
Autre chose que de chanter la butte à Montmartre,
Y'avait maintenant la Butte à Mathieu, on pouvait chanter ce que l'on voulait
Et ce que l'on voulait, c'était nous… entre nous…

La Butte, c'était toi, tu m'invitais et j'y allais.
Tu me disais : « J'ai pas d'argent ! »
Je te répondais : « Pas grave, donne-moi les entrées, si je remplis, tant mieux, sinon tant pis ! »
Avec toi, pas de triche.

Gilles est un discret, un silencieux, pas bavard, pas avare. Pourtant un gars de parole…
Gilles, tu as été un hôte irréprochable, nous accueillant toujours avec respect et chaleur.
Enfin, chaleur… je me gelais les doigts parfois au piano, c'était pas toujours très chaud.

Mais ça fait des belles histoires à raconter auprès du feu, non ?
Allez, viens faire ton tour, tire-toi une bûche, qu'on se raconte tout ça.

**Ton ami, Claude Léveillée**

## À CAUSE D'UN MENSONGE...

*par* **Jean-Guy Moreau**

En décembre 1961, mon ami Robert Charlebois et moi, lors d'une audition pour présenter un spectacle commun dans une boîte à chansons de Sorel (Le Quidam), avons prétendu que nous avions déjà fait un spectacle à la Butte à Mathieu à Val-David. Nous avons été engagés sur-le-champ, grâce à la notoriété que la Butte connaissait déjà.

Le soir même, Robert et moi, nous avons dû avouer le mensonge à Gilles Mathieu.

Gilles Mathieu décida de nous faire passer une audition à son tour, après quoi nous fûmes tous deux engagés pour faire une première partie au printemps 1962.

Moi, en première partie de Jacques Blanchet, et Robert, en première partie de Félix Leclerc.

Un réel plaisir!

# LA BUTTE À MATHIEU

## *par* Danielle Oddera

Lieu rassembleur et mythique pour tous les auteurs-compositeurs-interprètes des années 1960-1970. Nos débuts, notre jeunesse.

En évoquant la Butte, il me revient à la mémoire des souvenirs, des images.

Il fait beau en ce printemps de 1963, Dédé (André Gagnon), grand accompagnateur et complice musical de Claude Léveillée, est au volant de sa petite voiture sport. Il sera ce soir au piano pour m'accompagner.

Nous roulons en direction de Val-David sur la petite route, je devrais dire l'ancienne route. Eh oui, l'autoroute du nord ne se rend pas plus loin que Saint-Jérôme à cette époque. Ce soir, je chante pour la première fois à la Butte à Mathieu. C'est comme une consécration, une reconnaissance, pour la jeune chanteuse française qui chante des chansons d'ici et qui a débuté à la boîte à Clairette, autre lieu de rendez-vous, à Montréal, pour les amoureux de la belle chanson française et nouvellement québécoise.

Le trac est encore plus fort que d'habitude, mais Gilles Mathieu, l'âme de la Butte, est là en coulisse pour nous encourager. Il nous a reçu chaleureusement, il aime les artistes, ça se voit.

C'est l'heure du spectacle. La Butte est remplie à craquer, les spectateurs se serrent, au centre sur les chaises et sur des bancs et, sur les côtés, allongés à demi sur des coussins. L'ambiance est à la fête.

Il faut dire que ce soir-là je partage la scène avec nul autre que le beau et talentueux Pierre Létourneau, qui a eu la gentillesse de m'offrir une de ses compositions, *Au hasard*, qui figure sur mon premier 45 tours. La soirée est un succès, le public de la Butte est respectueux, enthousiaste, il écoute et apprécie. Quelle belle récompense pour des artistes débutants.

Je reviendrai souvent par la suite à la Butte, toujours avec la même joie, pour retrouver ce public choisi, mais aussi pour entendre des amis : Charlebois et son ami Jean-Guy Moreau, qui a son atelier de poterie à Val-David, Claude Léveillée, Claude Gauthier, Pierre Calvé, Monique Leyrac, Raymond Lévesque.

C'est là qu'un soir j'ai aperçu, dans la première rangée, Diane Dufresne, qui ne chantait pas encore, avec son amie Ginette Nantel qui m'applaudissait. J'ai revu Diane très souvent dans d'autres boîtes de l'époque.

Mais la Butte n'avait pas son égal. Elle était une halte incontournable et bienfaisante au cœur des créateurs et interprètes. C'est la raison pour laquelle elle fait partie de notre patrimoine, comme une belle nostalgie.

Montréal 9 février 2009

Bonjour à Tous,

La Butte c'est là que je débute en 1966. Val-David 1966. J'ai dû prendre l'autobus avec mon jeune pianiste et je suis interprète : le jeune Charlebois (alors inconnu comme moi) Vigneault, D'OK, R. Lévesque, Claude Gauthier. J'écrirai en 1969, en attendant je me mets des grands textes en bouche. Ça m'a donné envie d'écrire.

À la Butte c'était aussi une boutique d'antiquités. J'ai vu une table québécoise et avec mon premier cachet j'ai acheté une table que je possède toujours.

Après avoir ~~eu~~ plusieurs vocations, cette table est devenue une table de travail. Il y a cinq ans j'ai fait rénover le plateau de la table et aujourd'hui j'écris ce petit mot dessus. À chaque fois ou presque je pense à Gilles.

À bientôt.

Louise Forestier

## GILLES MATHIEU

### *par* Marie-Josée Longchamps

Il serait difficile d'avoir de mauvais souvenirs de la Butte. C'est bête de dire ça, non ?

Je cherche quelque chose de moins joli à raconter. Je n'en trouve pas. Pour moi, c'est comme un rêve. Un très beau rêve ! Un vrai conte de fées. Que de belles images.

Il était une fois, dans les années soixante… un fou. Un beau fou. Gilles Mathieu. Un être dans une catégorie à part. Avec une intelligence à part. Modèle unique, il ne rentre dans aucun moule. Avec un beau physique d'ascète, quelque chose de rieur dans le regard sombre et allumé en même temps. Il voit à travers la surface des gens et des choses. Esprit critique qui ne se fait pas d'illusions sur la nature humaine… avec un cœur généreux de missionnaire.

Je ne crois pas que sa vertu principale soit de calculer les succès, et même de calculer, point. Homme d'affaires ? Non. Idéaliste ? Oui. Grand nationaliste ? Oui. Grand créateur ? Oui, oui. Admirateur des autres créateurs, des compositeurs, antiquaire, collectionneur, amateur de belles autos, peintre, spécialiste respecté des meubles québécois, décorateur confirmé, il conçoit alors une salle de spectacles. Petit à petit, à cause de son grand succès, la salle grandit. Tout autour, il crée un monde dans un décor féerique de cinéma. Sur une butte dans le village de Val-David, il était une fois… la Butte à Mathieu.

Dans un décor totalement québécois, magnifique, original, la Butte, c'était comme un beau magasin général de vieux meubles. Gilles Mathieu les aimait, les achetait, les retapait, les vendait, les gardait pour meubler sa maison. Il y en avait partout. Il avait un attachement particulier pour chacun, connaissait l'histoire de chacun. On n'allait pas en visite à la Butte comme chez n'importe quel antiquaire. On pouvait acheter, ou juste regarder. On y allait comme dans un musée, avec bonheur et respect. Pour y vivre un moment spécial en attendant le spectacle.

C'était un total bonheur. Le public venait de partout, attendait en longue file pour s'asseoir aux meilleures tables. Tout était en bois, des vraies antiquités… éclairé avec des bougies et des lampes faites à la main avec du tissu. Ambiance unique, magique, avec un mélange d'excitation et de simple joie d'avoir pu trouver une place… Moments intenses pour le public et les artistes.

Ces derniers pouvaient tout se permettre sur la scène de la Butte à Mathieu. Gilles Mathieu a invité sur la scène qu'il a créée une multitude d'artistes, des interprètes, des auteurs-compositeurs, des comédiens, des musiciens. Il a contribué à les rendre célèbres grâce à la popularité dont jouissait sa boîte à chansons.

La Butte, c'était sacré pour être consacré !

J'ai connu Gilles, je crois, lors du mariage de mon amie, l'excellente comédienne Manon Bernard, avec notre chansonnier national Raymond Lévesque. Tout s'est passé à Val-David. D'abord la cérémonie à l'église du village et ensuite la fête à la Butte alors que les mariés étaient transportés dans une auto des années trente conduite par Gilles. J'avais dix-sept, bientôt dix-huit ans. Lui, il me semble, la jeune trentaine.

J'ai fréquenté les spectacles et le village de la Butte souvent par la suite. Il s'était créé une amitié inattendue. J'étais admiratrice et en même temps attirée par la personnalité unique et chaleureuse de Gilles. Il est même devenu un habitué de chez nous, alors que mes parents, ma grande sœur Louise et moi habitions au 962 Cherrier, près du parc La Fontaine. Il venait nous voir, au volant d'une superbe Citroën, quand il passait par Montréal.

J'ai vite remarqué sa grande qualité de ne rien dire qu'il ne pensait pas vraiment. Quitte à déplaire. Mes parents l'aimaient beaucoup. Il était toujours d'une gentillesse et d'une politesse extrêmes. Mon père, un peu pas mal homme des bois, élevé jeune à Authier en Abitibi, adorait Gilles et aimait converser avec lui. Sa compagnie était toujours la bienvenue. Alors, maman sortait tout ce qu'il y avait de meilleur dans le frigo pour bien le recevoir. Car chez nous, si on aime quelqu'un, ça se montre par la bouffe. On aime pas trop, juste un jus ou un café. On aime beaucoup, on sort les *drinks* et la nourriture. On offre même à coucher.

▷

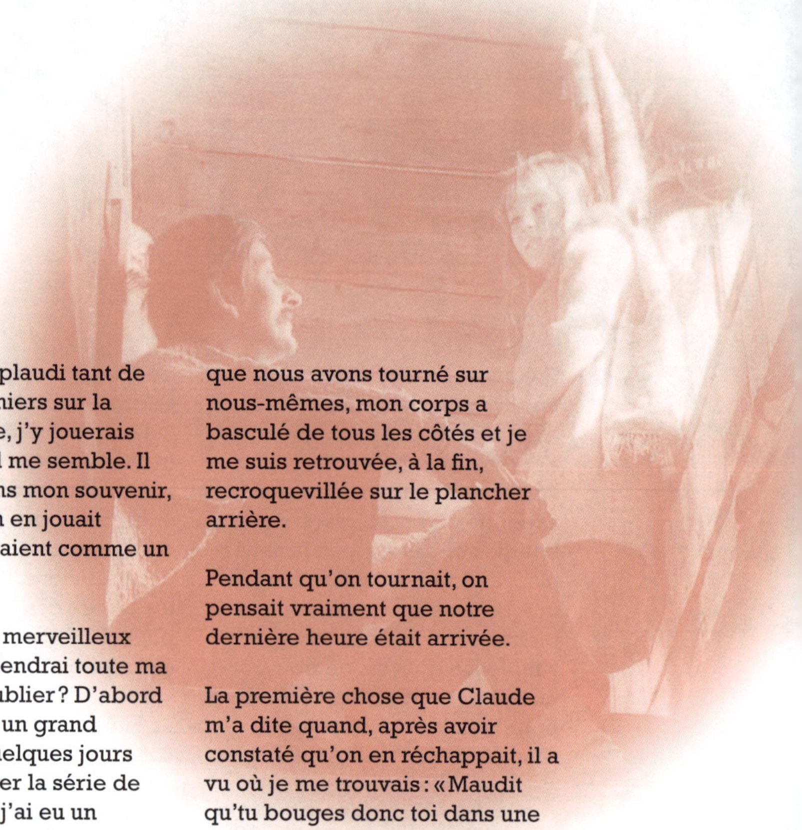

C'est Gilles, que je considère comme un risque-tout quand j'y réfléchis, qui m'a montré à conduire, sur les petites routes de terre sinueuses qui passaient derrière la Butte.

Courageux, il me semble, que de me laisser conduire pour la toute première fois sa sportive Austin-Healey. Je me rappelle que la conduite était manuelle. Même s'il y avait moins d'autos et moins de règles qu'aujourd'hui, il m'apparaît avoir bien du mérite. C'est ça, Gilles Mathieu, quand il a confiance et qu'il vous aime bien, il le prouve.

L'année suivante, alors que depuis trois ans je travaillais beaucoup, surtout à la télévision, j'ai été flattée quand Raymond Lévesque a pensé à moi pour jouer dans la revue *Bigaouette* à la Butte à Mathieu. J'avais dix-neuf ans et allais sur mes vingt ans puisque mon anniversaire est le 16 août. La production comprenait Suzanne Valéry, Claude Michaud, Raymond et moi. Gilles Mathieu produisait la pièce.

Moi qui avais applaudi tant de grands chansonniers sur la scène de la Butte, j'y jouerais aussi. Je rêvais, il me semble. Il faut dire que dans mon souvenir, les rôles – car on en jouait plusieurs – m'allaient comme un gant.

J'ai passé un été merveilleux dont je me souviendrai toute ma vie. Comment oublier ? D'abord parce que ce fut un grand succès. Aussi, quelques jours avant de démarrer la série de représentations, j'ai eu un accident de la route. Je faisais le trajet Montréal – Val-David aller-retour chaque jour car j'avais d'autres contrats à respecter. J'avais donc accepté l'offre de Claude Michaud de voyager avec lui.

Un soir, au retour de la Butte, alors qu'il pleuvait, l'auto de Claude a dérapé à la suite d'une crevaison. Elle a fait de multiples tonneaux et c'est par miracle que nous sommes restés en vie. Son auto était tout écrasée. Claude a eu le volant enfoncé dans l'estomac. J'ai l'impression que le fait qu'il soit « costaud » a fait en sorte qu'il n'a rien eu de cassé ! De mon côté, étant donné que nous avons tourné sur nous-mêmes, mon corps a basculé de tous les côtés et je me suis retrouvée, à la fin, recroquevillée sur le plancher arrière.

Pendant qu'on tournait, on pensait vraiment que notre dernière heure était arrivée.

La première chose que Claude m'a dite quand, après avoir constaté qu'on en réchappait, il a vu où je me trouvais : « Maudit qu'tu bouges donc toi dans une auto ! » Il avait eu la trouille de sa vie. Grand comique sur scène, Claude a eu le mot pour rire… il y a de quoi, quand on vient d'éviter la mort ! Quel bonheur d'être en vie !

On nous a transportés en ambulance à l'urgence de l'hôpital de Saint-Jérôme.

J'ai eu une jambe cassée et plein de coupures, heureusement mineures, partout sur le corps. C'est fou quand j'y pense.

Claude doit encore avoir mal au dos et à l'estomac de temps en temps. Mais lui et moi sommes bien vivants !

Gilles Mathieu s'est retourné vite pour nous permettre de récupérer. Une semaine de retard pour la première de *Bigaouette*, pendant laquelle il a, je crois, engagé la troupe de Robert Charlebois. Raymond Lévesque a changé la mise en scène pour que je joue souvent étendue sur un sofa (je jouais une prostituée, donc cela se justifiait bien), les jambes cachées sous une couverture. Pour mes monologues et mes chansons de groupe, je me tenais, sans béquilles, à moitié assise et à moitié debout, appuyée à un haut tabouret, habillée d'une jolie robe longue en coton. Sous les projecteurs, j'avais l'air tout à fait normale, mais quand je faisais mes entrées et mes sorties dans le noir, c'était toute une gymnastique !

Mon été à la Butte a été merveilleux car j'avais l'occasion de participer à un œuvre de création. Du grand Raymond Lévesque ! La production a connu un tel succès qu'on a repris *Bigaouette* quelques mois plus tard à la Comédie canadienne. Et tout cela a commencé à la Butte à Mathieu… Sans vouloir être nostalgique, je dis que c'est une belle et importante époque que celle-là.

« Gilles, ne ris pas surtout et ne fais pas ton modeste, puisque tu sais que c'est vrai. La Butte fait partie de notre histoire et de celle de nombreux chansonniers et artistes dont ce fut le tremplin. Tu as pris souvent des risques et tu en prends encore. Tu es de la race de ceux qui ne lâchent jamais et les artistes te doivent beaucoup. Tu mérites une médaille. »

Il était une fois un fou… un beau fou. Gilles Mathieu, un grand créateur du Québec !

## LA COMÉDIE DE LA BUTTE

### *par* Georges Langford

La Butte à Mathieu affiche toujours deux spectacles : celui des artistes, bien sûr, mais aussi celui de la Butte telle qu'en elle-même.

On vient de partout se joindre aux pèlerins de fin de semaine : des Laurentides, de Montréal, de Québec, même des îles de la Madeleine. Sur le pouce, en voiture, en autobus, par le train du Nord avec, en prime, la sensation de voyager à bord d'une chanson de Félix. La plupart des artistes qui passent à la Butte passent d'abord par la salle. Gros coussins, chandelles, cidre et chansons à texte : des pages culturelles du Québec s'écrivent sous les yeux d'un public en quête d'identité. La révolution tranquille fait enfin un peu de bruit.

Le site comprend des maisons qui logent des artisans, des artistes. On y présente de la chanson, des expositions, un festival de jazz dès 1960, on y vend des antiquités. Philippe Gagnon y stationne sa caravane *La Garouine* et joue du violon *unplugged* sur la galerie pour réchauffer le public qui s'apprête à accéder au Saint des Saints.

L'histoire de la chanson s'écrit sur la scène, mais aussi dans la salle, sur le site et dans le village. Les grands noms qui défilent, ce n'est que la pointe de l'iceberg. La Butte doit une bonne part de son succès aux « acteurs » qui l'habitent et qui lui insufflent une vie qui envahit le public dès qu'il monte la côte : accueil, conversations, guichet, service, tout cela forme une comédie en soi dont la distribution est assurée par de véritables ambassadeurs du Nord et de la chanson. Gilles Mathieu excelle dans le premier rôle.

## LA BUTTE, UNE INCONTOURNABLE

*par* **Denise Guénette**

### La Butte à Mathieu… un centre culturel !

Dans les années 1960-1970, la Butte à Mathieu était, je crois, le lieu de rendez-vous culturels du Nord de Montréal. Pendant quelques années, j'y ai passé presque toutes mes fins de semaine.

C'est là que j'ai découvert la plupart des artistes québécois : chansonniers, humoristes, fantaisistes, poètes, diseurs, céramistes, peintres, artisans, etc.

C'est là que j'ai réalisé tout le potentiel et le talent des artistes québécois. (J'ai donc décidé que si jamais je faisais du spectacle, je n'interpréterais que des chansons d'auteurs-compositeurs-interprètes québécois… et je l'ai fait.)

Pour moi et mon entourage… enfin tous ceux qui s'intéressaient à la culture, c'était LA PLACE, l'endroit par excellence pour la communication. On pouvait y rencontrer des gens de toutes les classes sociales, échanger intellectuellement, artistiquement sur tous les sujets, confronter nos idées et nos goûts sans nous sentir jugés. On avait aussi l'occasion d'entendre parler de contestation, de réforme du monde et de libre expression.

À la Butte, on avait l'impression que soufflait un vent de liberté, liberté d'expression, liberté de fonctionner à son rythme et selon sa personnalité.

Personnellement, c'est l'endroit où j'ai fait mes premiers pas (ou presque) dans le métier, car j'ai chanté en première partie d'artistes vedettes comme Les Cyniques et Claude Léveillée… Alors, ça m'a donné un bon élan pour avancer.

C'est aussi à la Butte que j'ai gagné, pour la première fois, un premier prix comme interprète féminine de la chanson française.

Donc, pour moi, et pour bien d'autres, la Butte à Mathieu a tenu une place extrêmement importante dans nos vies artistiques.

La Butte fut un incontournable, placé sur le chemin artistique du Québec !

À mon humble avis, la Butte a été un tremplin pour la plupart des artistes de ma génération et j'en remercie son fondateur Gilles Mathieu !

## LA CONSTANCE ET L'AMOUR

*par* **Emmanuëlle**

En ces années d'effervescence et de création, la Butte à Mathieu représentait, pour moi, une scène mystique où se rencontraient les plus grands, ceux qui feront la beauté de l'univers de la chanson québécoise en pleine expansion ; ce modèle des années à venir admiré par les plus jeunes. Quelle chance j'ai eu de participer à cette merveilleuse époque !

J'en suis reconnaissante à la constance et à l'amour du propriétaire Gilles Mathieu qui transforma cette oasis laurentienne en un lieu magique de rencontres.

L'artiste, entouré de ses musiciens qui habitaient cette scène minuscule, envoûtait les spectateurs attablés. Ce lieu rustique et exigu n'entamait pas la grandeur de l'espace.

À tous égards, grand merci, cher Gilles, pour cette tendresse et cette chaleur infinies.

La Butte à Mathieu n'existe plus… Réinventons-la afin que les amoureux, disciples de la poésie et de la musique que nous sommes, ayant encore tant à dire et à faire, puissent continuer l'œuvre inachevée.

# EN CE TEMPS-LÀ...

*par* **Pierre Luc,**
publicitaire et présentateur des concerts

En ce temps-là, Internet n'existait pas, bien sûr. Le *fax*? Non plus. Du moins, nous n'y avions pas accès.

Mais il y avait le papier carbone. Pas trop usées, ces feuilles nous servaient à rédiger nos communiqués de presse. Pas plus de trois d'épaisseur à la fois. Pour ne pas mal paraître.

Et puis on remettait d'autre papier dans la bonne vieille Underwood. Jusqu'à une vingtaine de copies (multiplié par trois) annonçant les spectacles du samedi soir à la Butte à Mathieu.

La poste, elle, fonctionnait à plein.

Quoique, de préférence, nous allions livrer la bonne nouvelle de main à main aux journalistes affectés à la section des spectacles.

Il était essentiel que notre programmation paraisse dans *La Presse* du samedi, dans *Le Devoir*, *Le Nouveau Journal*... Avec *La Patrie du dimanche*, *Le Petit Journal* et le *Photo-journal* en prime.

Avec un peu de chance, on nous faisait la gentillesse d'une photo ou, cerise sur le gâteau, un entrefilet dans la colonne des nouvelles.

Gilles (Mathieu) ayant fait imprimer ses «pancartes» le plus tôt possible, il entreprenait sa «run de lait». Dans les librairies, écoles, centres récréatifs et restaurants des Laurentides, notamment.

Cette somme de travail bien orchestrée s'avérait la promesse d'une bonne foule.

Bien que, généralement, les habitués se rassemblaient chaque samedi soir. Comme on allait à la messe le dimanche. On venait de partout à plus de cent kilomètres à la ronde.

Car en ce temps-là, on savait apprécier la belle chanson. Le maître d'œuvre de cette première boîte à chansons d'envergure le savait bien. Lui qui, à nos yeux, prenait des risques énormes. Comme de payer très cher une vedette française comme Mouloudji, espérant que la neige et le ciel ne nous tombent pas sur la tête ou, pire, sur les grands chemins.

Ou encore en affichant l'auteur de *La Marie-Joseph,* troubadour à la guitare sèche, un Stéphane Golmann parfait inconnu pour le commun des mortels. Mais pas pour les fidèles de la Butte à Mathieu.

Le rêve.

Qui a malheureusement pris fin un jour. Après avoir servi de rampe de lancement à la majorité de nos dits «chansonniers».

En ce temps-là...

## UN LIEU… UN ESPACE… UN ABRI

*par* **Mathieu Mathieu**
fils de Gilles Mathieu

Ce soir… c'est le jour… Ce soir… c'est le jour de l'anniversaire de mon père… C'est la fête à Gilles, à Gilles Mathieu… Soixante-dix ans… bon yeu!

Soixante-dix ans de parcours…

Je tiens à profiter de ce moment pour vous parler de lui… pour lui parler de vous, pour lui parler de lui, de lui devant vous qui le connaissez bien, vous… Les vieux amis… La famille.

Gilles, c'est un homme magnifique! Gilles, bien sûr, c'est mon père, mais c'est d'abord, pour moi, un vrai poète de l'âme… un poète du quotidien… C'est-à-dire qu'il a assimilé le langage secret des choses… qui vit le plus simplement du monde la plus haute des poésies.

C'est ainsi qu'on peut le voir chez lui, le plus normalement du monde, cultiver des antiquités… Gilles est la seule personne que je connaisse qui ait compris le secret de la croissance des vieux meubles. Il fait pousser des canards de bois sur sa pelouse. Il laisse vieillir ses bonnes et douces armoires un peu partout dans son jardin et dans ceux des autres… en deux ans, elles obtiennent vite la certification d'âge de cent cinquante ans. Elles sont prêtes à aller chanter dans les maisons du monde. Il cultive des sculptures. Il déniche des trésors inconnus dans les marchés oubliés. Il voit avec certitude la beauté des objets de ce pays aux contes encore souvent incertains.

Dans le temps où il a ouvert la boîte à chansons La Butte à Mathieu, sans se poser de questions, il a vu dans un poulailler la possibilité de voir chanter son pays… Le Québec… bien sûr. Dans ce poulailler chantant, il a commencé à faire des rallonges… puis des rallonges… comme on rallonge un territoire, en prenant bien soin de disposer un peu partout les objets supposés de la misère quotidienne des gens du passé de la terre. Dans ce temps-là, il achetait des armoires à pin à cinq piastres… quand elles en valaient deux. Après, il achetait

des armoires à cent piastres, quand elles en valaient cent cinquante. Maintenant, il en achète encore, mais la plupart sont vendues à des prix de fou chez les fabricants de croisades, nos chers voisins d'en bas.

Il engageait des artistes à venir, des artistes de nos avenues. Tous les porteurs d'étincelles étaient, à ses yeux, des porteurs de flambeau à venir. Tous les chanteurs qui faussaient étaient de futurs créateurs de mélodies. Il a donné au Québec un lieu, un espace, un abri… pour permettre à ce Québec de se rapailler lui-même, de se retrouver, de se voir, de se comprendre, de s'entendre dans sa beauté et sa capacité de grandir, de s'émanciper, de se libérer, de s'imaginer… de se chanter…

Ensuite, j'ai fini par arriver, par naître. Dès ce moment-là, cet homme m'a fait comprendre le vrai regard que les parents portent sur leurs enfants. Le regard de l'avenir… Mon père a tout mis en œuvre afin que je devienne libre et moi-même… Aujourd'hui, il est là, bien en forme, toujours aussi émerveillé et prêt à sortir son accordéon, toujours sensible aux talents naissants et aux feux de foyer de nos veillées.

Je suis très heureux de prendre le temps de célébrer cet homme, aujourd'hui… De lui dire : « Bravo ! Tchin tchin ! » J'espère peut-être même un jour le voir danser de la musique cubaine. Ça va venir. Un jour, le Québec va danser. C'est déjà commencé.

Papa… merci pour ce présent… Merci pour la musique… pour l'amour du père naturel… merci pour ton accordéon d'essentiel.

## LA NAISSANCE DE LA CHANSON QUÉBÉCOISE

*par* **Jean-Marc Lefebvre**

Commençons par une blague pour laquelle, j'espère, Gilles ne m'en voudra pas trop. Il m'arrive encore de me tromper et de parler de la Bitte à Mathieu, plutôt que de la Butte à Mathieu. Vous avez compris que je suis toujours imprégné de la chanson québécoise et qu'avec mes amis du temps, la chanson *La bittt à Tibi* de Raôul Duguay nous avait inspiré ce vilain jeu de mots. Pardonnez-moi, nous étions jeunes… C'était presque un réflexe ; en fin d'après-midi, le samedi, on se questionnait ainsi : « Qui chante à la B… à Mathieu, ce soir ? » Laissez-moi vous dire que nous y sommes allés souvent à la Butte.

Parfois, assis par terre sur des coussins, un peu plus tard sur des chaises droites non rembourrées, entourés de charmants voisins qui fumaient tranquillement leur joint – pas moi, bien sûr –, nous participions sans le savoir à définir la culture québécoise. Nous assistions à l'épanouissement du plus beau phénomène culturel de notre pays, la naissance de la chanson québécoise et de ses interprètes. Vigneault, Leclerc, Létourneau, Calvé, Julien, Ferland, Lévesque et, si vous me laissez encore quelques pages, je saurai bien les remplir avec vos rêves.

Je n'ai commis qu'un sacrilège à la Butte. C'était un soir où Renée Claude chantait. Alors que tout le monde avait les yeux rivés sur madame Claude, moi je les avais fixés sur le batteur du groupe accompagnateur, Pierre Béluse, qui semblait chanter avec ses baguettes plutôt que de simplement établir le rythme. Éblouissant. Le jeu de Béluse me séduisait. On m'a dit dernière-

ment qu'il avait travaillé par la suite avec l'OSM comme percussionniste. Bien agréable péché, d'autant plus que j'ai eu l'occasion de me reprendre.

Elle est revenue dernièrement, Renée Claude, et aussi Létourneau, Calvé et bien d'autres, à la Butte du Marais, pardon, au Théâtre du Marais de Val-Morin. Et, chaque fois, je me dis que c'est l'âme de la Butte qui renaît. Chaque fois, je me rappelle que le créateur de cette âme, Gilles Mathieu, mérite les plus grands hommages du peuple québécois pour sa contribution si importante à développer les assises de la chanson québécoise qui est au cœur de notre culture, si belle et si différente des autres. On a parlé beaucoup des enfants de la chanson québécoise. Il ne faudrait jamais oublier leur père. La Butte à Mathieu, ce n'est pas uniquement un édifice bâti sur une butte, c'est surtout la montagne d'homme qu'est Gilles Mathieu, qui y a consacré une partie importante de sa vie. Connaissez-vous un seul ministre qui en a fait autant que lui pour la culture québécoise ? Voilà pourquoi le Théâtre du Marais a fait de Gilles Mathieu son premier membre honoraire de la corporation qui l'administre. Tout l'honneur est pour le théâtre.

Et moi, j'ai un souvenir bien personnel de la Butte à Mathieu. Un souvenir qui me la rappelle encore de nos jours. Il y a fort longtemps, en pleine rénovation de ma résidence, j'ai décidé de changer mes belles portes rembourrées de carton par d'authentiques vieilles portes québécoises. J'ai rencontré alors Gilles à la Butte qui m'a amené dans sa réserve d'antiquités. J'en suis reparti avec neuf belles portes qui me permettent de rappeler à mes invités, avec fierté, que la Butte existe encore un peu. Neuf monuments à la gloire de Gilles et de la Butte. J'en suis bien fier.

Et puisque nous sommes dans l'esprit un peu « trad », je termine en invitant tous les artistes et tous les spectateurs de la Butte à chanter en chœur et avec cœur : « Mon cher Gilles, c'est à ton tour, de te laisser parler d'amour… »

▲ Jacques Blanchet, Gilles Mathieu et Raôul Duguay.

## IL EST UN HOMME ICI

*par* **Gisèle Bart**

Un soir, à la gare de Prévost, à une soirée de poésie

*Il est un homme ici que j'espérais voir ici, un homme discret et pourtant toujours présent aux manifestations culturelles et artistiques de sa région.*

*De sa voix douce, il nous salue, de son œil vif, il nous sourit. Mais malgré son éclatant passé, il n'entoure sa présence d'aucun éclat. Cet homme-là m'intimide et chaque fois que je le vois, je lui dis des choses insipides:*

*«Comment ça va? Oh, moi, ça va! Alors, ça va?» Comme la chanson, quoi!*

*J'essaye pourtant de faire passer dans mon regard l'admiration que j'ai pour lui, ma reconnaissance envers lui et aussi, l'envie. Car, oui, je l'envie! De les avoir connus, côtoyés, touchés, tous. D'avoir contribué à leur succès à tous.*

*Il y a un homme que j'espérais voir ici car je vais pouvoir enfin lui dire, publiquement – c'est plus facile, publiquement, c'est plus utile –, que je le remercie.*

*De nous avoir révélés à nous-mêmes en nous offrant en pâture la poésie d'ici. Il me répondra, j'en suis sûre, qu'il n'a rien fait là-dedans, que c'est eux qui avaient du talent. Il me dira qu'ils l'ont fait vivre. Il oubliera qu'ils lui doivent, en partie, la vie.*

*En effet, c'est lui qui a eu l'idée et le cran de la réaliser, de les recevoir sur sa Butte. Lui qui a tenu tout ce temps et reconnu qu'ils étaient des grands. Il leur a offert un lieu où se produire; il nous a offert un lieu où nous rendre pour les entendre.*

*Ah! ces soirs! T'en souvient-il? Le filet de pêche, le bois de grange, les coussins par terre, les chaises toutes différentes, les bouteilles de chianti fichées de chandelles!*

*Je m'en souviens! On s'en souvient!*

*Les innombrables antiquités dénichées par lui, exposées par lui, trésors de notre patrimoine que, par sa reconnaissance, il nous a poussés à reconnaître.*

*Il y a un homme ici que j'espérais voir ici car, c'est décidé, je vais le lui dire.*

*Oui, que je l'envie. Voilà, c'est dit! Mais aussi et surtout que je l'admire.*

*Et que je le remercie.*

*Lui, l'homme si discret mais toujours, partout, présent, qui nous salue*

*de sa voix douce, qui nous sourit de son œil vif d'homme qui a bien vécu,*

*d'homme qui a connu des moments magiques, des moments historiques,*

*mais qui ne s'en vante pas, jamais!*

*Gilles Mathieu, nous voulons, à ton tour, te reconnaître.*

*Voilà, c'est fait, c'est dit! Et la prochaine fois qu'on se verra,*

*si on te chante encore la chanson:*

*«Alors, ça va? Oui, moi, ça va! Ça va?», au moins, tu sauras ce qu'on pense réellement de toi.*

# JE ME SOUVIENS, GILLES

*par* **Marcel Tessier**

Je me souviens de l'année 1959.

Je me souviens de cette « Butte » assise à Val-David qui rassemblait déjà les Québécois avides de fierté nouvelle.

Je me souviens de ce petit village des Laurentides où fourmillaient des artisans aux multiples talents.

Je me souviens de ces jeunes artistes, chanteurs, poètes titubants, plantés comme des pousses d'un nouveau printemps.

Je me souviens de leurs premiers pas sur la scène de cette « butte ».

Je me souviens des Lévesque, Leclerc, Vigneault, Léveillée, Ferland, Tex, Deschamps, Charlebois, Renée Claude, Louise Forestier, Pauline Julien, Diane Dufresne et les autres. Tous, habillés de saisons nouvelles.

Je me souviens surtout de celui qui les a invités chez lui à monter sur la scène unique de cette boîte à chansons.

Je me souviens de ce chef de file, généreux, réservé, délicat, rêvant déjà de projets gigantesques pour cette nouvelle chanson québécoise.

Je me souviens de Gilles Mathieu, ce vendeur de poésie, de beauté et de rêves.

Je me souviens de ce grand Québécois qui, grâce à sa ténacité, a fait grandir la chanson d'ici et a donné naissance à ces géants québécois que nous acclamons aujourd'hui sur toutes les grandes scènes de la francophonie.

Je me souviens de toi, Gilles, que je considère comme l'un des piliers de ces grandes carrières.

Je me souviens de « ta Butte » comme l'une des scènes sur laquelle a grandi l'idée d'un pays en offrant à ces créateurs l'occasion de révolutionner la culture en lui donnant des mots comme armes.

Je me souviens de 1976, année de la prise du pouvoir par un parti indépendantiste au Québec, un peu pour remplacer cette « Butte à Mathieu » qui se retirait du décor de Val-David.

Je me souviendrai toujours de toi, Gilles Mathieu, de l'histoire de cette célèbre « Butte », berceau de profonds rêves…

Est-ce que tous ceux et celles qui y ont commencé leur carrière et qui sont désormais installés dans leur gloire s'en souviennent ?

Je l'espère, au nom de l'histoire.

MARS M'OFFRIT SON PREMIER BOURGEON
J'AI CRU QUE MA VIE ÉTAIT FAITE
POUR NE VIVRE QUE DE CHANSONS
DE DANSES ET DE BRUITS DE FÊTES...

NU COMME DANS NUAGE
MICHEL CONTE

# DISCOGRAPHIE

Voici les neuf albums enregistrés en spectacle à la Butte et publiés chez Analekta en 1999.
* : inédit

## FÉLIX LECLERC

(La Tuque, 1914 – Île d'Orléans, 1988)

**(Montréal, P : 1999, Analekta AN-2-7010 CD)**

Notre sentier /
Un petit soulier rose /
La drave /
Tu te lèveras tôt /
Les cinq millionnaires /
La chanson du pharmacien /
Litanie du petit homme /
Bozo /
L'héritage /
Qu'il se lève celui
[Comme Abraham] /
Quand le mari [La gigue] /
MacPherson /
Tour de reins /
Le p'tit bonheur /
Les deux perdrix /
Le train du Nord /
Le vieux polisson [La chanson du
vieux polisson]/
Eau de la rivière [L'eau de l'hiver] /
Au même clou

## RAYMOND LÉVESQUE

(Montréal, 1928)

**(Montréal, P : 1999, Analekta AN-2-7013 CD)**

Les financiers * /
Je t'aimerai toujours * /
Frère Jupiter * /
Le chum à moman /
Séparatiste /
À Saint-Henri * /
Blouson noir * /
Petite tournée * /
Les cennes noires * /
Le chalet * /
Dans la tête des hommes /
Ce n'est pas que l'on soit méchants * /
Tremblay picoté * /
Moi, je suis né à Montréal * /
Quand on a du foin

## CLAUDE LÉVEILLÉE

(Montréal, 1932)

(Montréal, P : 1999, Richelieu RIC-2-9951 CD)

Que dans des îles * /
Frédéric /
Le procès d'une petite souris * /
La complainte du marin /
Monsieur Dédé /
Les eaux de pluie * /
Le nom /
Les après-midi d'hier /
Amène-moi au bout du monde /
Le rendez-vous /
Le vieux piano /
La légende du cheval blanc

## CLAUDE GAUTHIER

(Lac-Saguay, 1939)

(Montréal, P : 1999, Analekta 2-7012 CD)

Les Gitanes /
Ma maison /
Les p'tits poissons /
Ma Nichouette * /
Le cœur de ma guitare /
La boîte à chansons /
Ferme ta gueule Marlo [Marlo] /
Le soleil brillera demain /
Le temps perdu * /
Train de nuit* /
Racacasse /
Mouette de goéland /
Ah ! qui nous dira /
Ton nom /
Le grand six-pieds /
Ma chanson terminée

## PIERRE CALVÉ ET PIERRE LÉTOURNEAU

**(Montréal, P : 1999, Richelieu RIC-2-9950 CD)**

Calvé :
Ce soir c'est la fête /
Le canal Soulanges * /
Les signatures* /
C'est la faute du vent * /
Où se trouve l'ami ? * /
Reviendrez-vous au port ? /
La romance /
Le temps perdu /
On ne les oubliera jamais /
Les filles à matelots

Pierre Létourneau :
Les saisons une à une /
Picasso /
La nuit tu venais /
La gueuse /
L'Espagne /
Les violons /
La goutte d'eau /
Les colombes /
Les bohèmes /
Une plage à Percé

## PAULINE JULIEN

(Trois-Rivières, 1928 – Montréal, 1998)

**(Montréal, P : 1999, Analekta 2-7012 CD)**

La marquise de coton /
Ton nom /
Jack Monoloy /
J'entends, j'entends /
Le gros Lulu * /
La noce * /
Les rendez-vous /
Mon mari est parti /
La complainte du marin /
El señor /
Est-ce pour ça qu'on s'aime ? * /
T'en as /
Je ne peux pas rentrer chez moi

## RAOUL ROY

(Saint-Fabien-sur-Mer, 1936 – Montréal, 1989)

**(Montréal, P : 1999, Analekta AN-2-7014 CD)**

Le coucou mesdames /
Papillon tu es volage /
Les draveurs de la Gatineau /
Gentil galant de France /
La ceinture /
Belleville Ménilmontant /
Join the British Army /
Monsieur De La Palisse /
The Soldier and the Sailor /
Jean-François de Nantes /
La femme du roulier /
Nous irons à Valparaiso /
Le trente-et-un du mois d'août /
Aux marches du palais /
La complainte du pou /
C'est dans le mois de mai

## LOS TRES COMPADRES (TRIO TLALOC)

**(Montréal, P : 1999, Richelieu RIC-2-9952 CD)**

Guadalajara /
El cupido /
Yo no me caso compadre /
Mon cœur cherche ton cœur /
Pepito /
El beso /
El rancho grande /
N'oublie jamais /
Besame mucho /
La bamba /
Se me hizo facil /
La cucaracha /
Malaguena /
Cielito lindo

## MARCEL MOULOUDJI

(Paris, 1922-1994)

**(Montréal, P : 1999, Richelieu RIC-9954 CD)**

Elle tourne, tourne /
Pour obtenir miséricorde /
Il aurait fallu /
Un jour tu verras /
Je n'peux pas m'passer de toi /
Tu n'es qu'un maillon de la chaîne /
Annabelle de Manchester /
Rue de Lappe /
Jouez, jouez, mariachis /
J'suis snob /
Comme un p'tit coquelicot /
Quand j'étais maquereau /
Ne m'dis pas c'que t'as fait /
La complainte des infidèles /
La lavandière et le carabinier /
Tous les amants se ressemblent

Ont également été enregistrés à la Butte à Mathieu :

Le premier album des Cyniques
**(Apex ALF-1578)**

Raymond Lévesque à la Butte
**(Gamma GM-102)**

Ricet Barrier à la Butte
**(Barclay 80040)**

On voit des photos de la Butte sur les albums suivants :

Georges Dor
**(Gamma GM/Gs 108)**

Yvon Deschamps,
La libération de la femme
**(Kebec-Disc KD-700)**

# ANNEXES

# ANNEXE 1
## LISTE DES ARTISTES QUI SE SONT PRODUITS À LA BUTTE À MATHIEU
(PAR ORDRE ALPHABÉTIQUE DE PRÉNOMS)

Pour chaque année, cette liste contient en premier lieu les spectacles qui se sont déroulés à la Butte de Val-David, suivis des spectacles dans les autres salles gérées par Gilles Mathieu.

Les revues de Raymond Lévesque à la Butte sont énumérées à l'annexe 2.

**LÉGENDE**

Premier spectacle à la Butte en vedette principale

*Premier spectacle à la Butte en première partie*

Spectacle en vedette principale

*Spectacle en première partie*

### 1959

André Laplante
Christian Larsen
Claude Désy
Guy Lesage

### 1960

André Asselin (pianiste)
*André Laplante*
*Christian Larsen*
*Christine Charbonneau*
Claude Gauthier
Claude Léveillée
Claude St-Denis (mime)
Félix Leclerc
*Germaine Versailles*
*Gilles Richer*
Gilles Vigneault
Guy Hoffman
John Cordell
Hervé Brousseau
Les Bozos (Raymond Lévesque, Claude Léveillée, Jacques Blanchet, Jean-Pierre Ferland, Clémence DesRochers)
Les Copains de la Butte
*Louis Charest*
Mireille Lachance
*Monique Miville-Deschênes*
Monique Saint-Onge
Montreal Jazz Society
Pierre Régimbald (marionnettes)
Raymond Lévesque
Renée Claude
Robert Daudelin (films)
Ronald France
*Suzanne Rivest*
Toulouse (magicien)
Yvon Thiboutot

Théâtre
*Le bel indifférent* de Jean Cocteau par une troupe invitée du Port-Neuf, région Ottawa-Hull.

Peintures et gravures
Albert Dumouchel
Armand Vaillancourt
Michel Saint-Jean
Gilles Mathieu
Bernard Chaudron
Marie Versailles
John Cordell
Pierre Garneau

### 1961

*André Melançon (mime)*
*Christian Larsen*
Christine Charbonneau
Claude Gauthier
Claude Léveillée
Félix Leclerc
*Gaston Rochon*
Germaine Versailles
Gilles Vigneault
Guy Lesage
Jacques Blanchet
Marc Gélinas
Monique Miville-Deschênes
Pauline Julien
Pierre Létourneau
Raymond Lévesque
Renée Claude
Serge Deyglun
Stéphane Venne
*Suzanne Rivest*
Suzanne Vaillancourt
Toulouse (Le magicien)

### 1962

Christine Charbonneau
Claude Gauthier
Claude Léveillée
Clémence DesRochers
Félix Leclerc
Germaine Dugas
Hervé Brousseau
Jacques Blanchet
Jean-Paul Filion
Jean-Pierre Ferland
*Marie-Anik*
Marie Claude
Marie-Josée Neuville
Monique Miville-Deschênes

Mouloudji
Pauline Julien
Pierre Dudan
Raoul Roy
Renée Claude
*Robert Charlebois*
Stéphane Golmann
Toulouse (magicien)
Le trio Tlaloc (folklore mexicain)

Arts
Cours de peinture pour enfants avec Claude Sarrazin
Bernard Chaudron

## 1963

Anick Pilon
*Cécile Dubé*
*Christian Nohel*
Clairette
Claude Gauthier
Claude Léveillée
Clémence DesRochers
Danielle Oddera
Félix Leclerc
*Françoise Nicot*
*Gilles Fecteau*
Gilles Vigneault
Hervé Brousseau
Jacques Blanchet
*Jean-Guy Moreau*
Jean-Pierre Ferland
*Lawrence Lepage*
Les Cyniques
*Les Molos*
Marie Laforêt
Monique Miville-Deschênes
Pauline Julien
Pierre Létourneau
Renée Claude

Arts
*Claude Sarazin* peintures d'enfants

## 1964

*Cécile Dubé*
Claude Gauthier
Claude Léveillée
Clémence DesRochers
*Daniel Guérard*
Félix Leclerc
François Dompierre
Georges Dor
Germaine Dugas
Guy Béart
*Isabelle Pierre*
*Jacques Sénécal*
Jean Landry
Jean-Guy Moreau
Jean-Pierre Ferland
Les Cailloux
Les Cyniques
Les Fagots
*Les Miopes*
Les Mortuaires
Les Quatre-vingts
*Loiseau*
*Luc Durand*
Lyne Rivard
*Magali*
*Marie Claude*
*Michel Conte*
*Michel Garneau*
Monique Miville-Deschênes
*Nicole Perrier*
Pauline Julien
*Philippe Farley*
*Philippe Gagnon*
Pierre Calvé
Pierre Létourneau
Raymond Lévesque
Renée Claude
Robert Charlebois
*Suzanne Valéry*
Tex Lecor
*Victoire Goulet*

Théâtre
*Pique-nique en campagne* avec André Richard, Élizabeth Chouvalidzé, Jean Brousseau, Marc Beaulieu, Jean Richard et Claude Lafortune

## 1965

*André Bouchard*
Benoît Marleau
*Claire Leroux*
Clémence DesRochers
Claude Gauthier
Claude Léveillée (émission *Mon pays mes chansons*)
Claude Nougaro
Claude Péloquin
Clémence DesRochers
*Denis Tremblay*
*Denise Guénette*
Félix Leclerc
*Gaétan Gladu*
*Georges Casavan*
*Georges Dor*
Georges Langford
Germaine Dugas
Gilbert Langevin
*Ginette Bellavance*
*Gisèle Bonin*
*Guy Lessonini*
Hervé Brousseau
*Jacques Sénécal*
Jazz libre du Québec
*Jean-Claude Becker*
Jean-Guy Moreau
*Jean-Marc Fontaine*
Les Cailloux
Les Cyniques
*Les Trois Badours*
Les Trois Ménestrels
Les Quatre-vingts
*Louise Brunel*
*Marie-Anik*
*Marie Villeneuve*

*Michel Gagnon*
*Michel Goriat*
Monique Leyrac
Mouloudji
*Moustache*
Pauline Julien (émission *Mon pays mes chansons*)
Pierre Dudan
Pierre Létourneau
*Priscilla*
Raôul Duguay
Renée Claude
Robert Charlebois
*Robert Toupin*
*Sonia*
*Stéphane Venne*
Suzanne Valéry
Tex Lecor

## 1966

Alexandre Zelkine
Anne Sylvestre
*Claire Leroux*
*Claude Dubois*
Claude Gauthier
Clémence DesRochers
Danielle Oddera
*Georges Casavan*
Georges Dor
Gilles Vigneault
Hervé Brousseau
*Jean Landry*
Jean-Guy Moreau
Jean-Paul Filion
Jean-Pierre Ferland
Jocelyne Pascal
Les Cailloux
Les Cyniques
*Les Trois Badours*
Les Trois Ménestrels
*Louis Comtois*
*Louise Forestier*
*Marie France*
Marie Laforêt
*Marie Villeneuve*
*Mikaéline*
Monique Leyrac
Pauline Julien
Pierre Calvé
*Pierre Lauzon*
Pierre Létourneau
Renée Claude
*Richard Bizier*
*Robert Gadouas*
*Robert Toupin*
*Serge Mondor*
*Sylvain Lelièvre*
*Sonia*
Tex Lecor

Revues

*Le p'tit bonheur*, avec Louis de Santis, Yves Massicotte et Monique Miville-Deschênes

## 1967

Alexandre Zelkine
Claire Leroux
Claude Dubois
*Claude Rolland*
Danielle Oddera
Donald Lautrec
*Gaston Miron*
Georges Dor
Guy Lesage
*Jean-Guy Gaulin*
Jean-Guy Moreau
Jean-Pierre Ferland
*Les Fagots*
*Les Mortuaires*
*Les Schmoufs*
*Les Trois Cloches*
Maguirou
*Marie-Anik*
Marylène
Pierre Calvé
*Pierre Léger*
Pierre Létourneau
Renée Claude
Ricet Barrier
*Robert Gadouas*
Robert Nyel
*Suzanne Bouchard*
*Yves Albert*

Revues

*L'an 2000*, avec Jean-Guy Moreau, Robert Charlebois et Mouffe

À la Sablière, à Sainte-Agathe

Gilles Vigneault
Jean-Pierre Ferland
Lise Thouin
Raymond Lévesque

*Ma tante, ce colonel* : Ouverture de la Sablière : Juliette Huot, Nicole Filion, Arlette Sanders, Henri Norbert, Marcel Cabay, Jacques Lorain, Gilles Renaud

## 1968

*Alain Clavier*
André Gagnon
*Andrée Smith*
Claire Leroux
Claude Dubois
Claude Gauthier
Claude Léveillée
Clémence DesRochers
Danièle Proulx
Danielle Oddera
Georges Dor
*Gilbert Langevin*
Gilles Mathieu
Hervé Brousseau
Jean Fortier
Jean-Guy Moreau
Jean-Pierre Ferland
Le Grand Robert (magicien)
Les Alexandrins
Les Cyniques

Les Fagots
*Les Marjentins*
Les Mortuaires
*Lise Thouin*
Louise Forestier
*Louis-Pierre Girard*
*Michel Maillot*
Monique Leyrac
Pauline Julien
Renée Claude
Ricet Barrier
Robert Charlebois

## 1969

*Christian Nohel*
Claude Gauthier
Claude Léveillée
Colette Renard
Danielle Oddera
*Francis Lemarque*
Georges Dor
Gilles Dreu
Gilles Vigneault
Jean-Guy Moreau
Jean-Pierre Ferland
Les Fagots
Les Girls
*Les Mistrals*
Les Mortuaires
Louise Forestier
Marie Laforêt
Pauline Julien
Pierre Calvé
Pierre Létourneau
*Pierrot Léger*
*René Michel*
Renée Claude
Ricet Barrier
Robert Charlebois
*Robert Gadouas*
*Robert Grégoire*
*Robert Toupin*
Tex Lecor
Yvon Deschamps

## 1970

*Ariane*
Charlotte et Harvey
Claude Gauthier
Claude Landré
Claude Léveillée
*Daniel Piché*
*Denise Cloutier*
Eva
Félix Leclerc
Georges Dor
Georges Langford
Gilles Vigneault
*Jean-Guy Deraspe*
Jean-Guy Moreau
Jean-Pierre Ferland
*Jean Richard*
Les Alexandrins
*Les Alucites*
Les Cyniques
Les Goélands
Les Jérolas
Les Mortuaires
Louise Forestier
*Marylène*
*Moustique*
*Philippe Gagnon*
Renée Claude
*Robert Grégoire*
Tex Lecor
*Victoire Goulet*
Yvon Deschamps

## 1971

Anne Sylvestre
*Bobby Hachey*
Claude Landré
Claude Nougaro
*Daniel Cromp*
*Fernand Fournier*
Georges Dor
Georges Langford
Isabelle Pierre
Jacques Michel
Les Cyniques
Les Jérolas
Les Mortuaires
*Les Paths*
*Lise Thouin*
*Marie Johnson*
Martin Peltier
*Melchior*
Michel Conte
*Mireille Bélanger*
*Mirianne*
*Nadia Hellal*
*Normand Séguin*
Pauline Julien
Pierre Létourneau
Raymond Lévesque
Renée Claude
Robert Charlebois
Tex
Willie Lamothe
Yvon Deschamps

## 1972

*Alexandre Zelkine*
Céline Lomez
Christine Chartrand
Claude Gauthier
Claude Landré
Claude Léveillée
Clémence DesRochers
*Cyril Lepage*
*Daniel Piché*
Diane Dufresne
Donald Lautrec
Emmanuelle
*Francine McGee*
Georges Dor
Georges Langford
Gilles Vigneault
Guy Trépanier
Isabelle Pierre
Jacques Blanchet
Jacques Michel

*Jean Chevrier*
Jean-Pierre Ferland
Les cinq-z-innocents
Les Cyniques
Les Jérolas
Les mamelles de l'Humour
Les Sinners
Marthe Fleurant
Martin Peltier
*Marylène*
Paolo Noël
Pauline Julien
Raymond Lévesque
Réal V. Benoît
*René Robitaille*
Renée Claude
Ricet Barrier
Serge Mondor
Yvon Deschamps

### La Butte en ville

Alexandre Zelkine
André Gagnon
Annie Jacques
Céline Lomez
Claude Gauthier
Claude Landré
*Daniel Piché*
*Danka Hryn*
*Docteur Landry*
Dominique Tremblay
*Fernand Fournier*
Georges Dor
Georges Langford
*Gilles Hénault*
Guy Trépanier
Isabelle Pierre
Jacques Blanchet
*Jean Chevrier*
Julie Arel
Karo
Lawrence Lepage
*Les Sinners*
*Louise et Jean-Marc*
*Maria Marlin*
*Marie-Josée*
Martin Peltier
*Marylène*
Monique Miville-Deschênes
*Nadia Hellal*
*Nicole Perrier*
Paolo Noël
Philippe Gagnon
*Pierre Gougoux*
*Pierre Shea*
Plume Latraverse
Priscilla
Raymond Lévesque
Ricet Barrier
Serge Mondor
Stéphane Venne
Tex Lecor
*Yvon Marchand*

## 1973

Claude Landré
Clémence DesRochers
Diane Dufresne
Emmanuelle
*Frère Jérôme*
Georges Langford
Gilles Valiquette
Henri des Sebastino Marotto
Jacques Michel
Lawrence Lepage
Les cinq-z-innocents
Les Jérolas
Les Séguin
Monsieur Pointu
Pauline Julien
*Philippe Gagnon*
Raymond Lévesque
Renée Claude
Yvon Deschamps

## 1974

Claude Landré
Claude Léveillée
Emmanuelle
Georges Dor
Gilles Valiquette
Jérôme Lemay
*La blonde à Boris*
Les Séguin
*Philippe Gagnon*

## 1975

Claude Gauthier
Claude Landré
Claude Léveillée
Emmanuelle
Jean Lapointe
Jérôme Lemay
Les Paranoiaques
*Mireille Lachance*
Monique Leyrac
Plume Latraverse
Raymond Lévesque

## 1976

Hommage à Raymond Lévesque avec Gaston Miron

▲ 1 - Revue Cellule Laurentide en 1971, avec Claude Michaud, Gilles Mathieu, Lise Thouin, Raymond Lévesque. 2 - Élizabeth Lesieur, Raymond Lévesque, Benoît Marleau, en 1962. 3 - Revue de 1962 avec Mireille Lachance, Élizabeth Lesieur, Benoît Marleau et Raymond Lévesque. 4 - Raymond Lévesque et Gilles Fecteau, en 1969, dans *La varloppe*.

▲ 1 - Revue de 1963 avec Mireille Lachance, Raymond Lévesque et Benoît Marleau. 2 - *Papa aime maman*, en 1961. Avec Andrée Boucher, Raymond Lévesque, Charlotte Gobeil et Guy L'Écuyer. 3 - Manon Bernard et Claude Michaud. 4 - En 1969 : Claude Michaud et Raymond Lévesque.

# ANNEXE 2
# LES REVUES DE RAYMOND LÉVESQUE À LA BUTTE

## 1961

*Papa aime maman*,
avec Raymond Lévesque, Guy L'Écuyer, Andrée Boucher et Charlotte Gobeil

## 1962

La revue *Bleu et jaune*,
*Assurance chantée*,
*Belles et Buttes*,
avec Raymond Lévesque, Mireille Lachance, Benoît Marleau et Élizabeth Lesieur

## 1963

*Viva Chaputa*,
*Vive la bacquaise*,
*Caméra 67*,
avec Raymond Lévesque, Mireille Lachance et Benoît Marleau

## 1964

*Ma chienne de vie*,
*Vive les caves*,
avec Raymond Lévesque, Benoît Marleau et Louise Roux

## 1965

*L'homme, cet inconnu*,
avec Raymond Lévesque, Benoît Marleau et Manette Boulanger

*Jeunesse année Zéro*,
avec Raymond Lévesque, Benoît Marleau, Jean-Guy Moreau, Manette Boulanger et Sonia

## 1966

*Ti-Jean Québec*,
*Cré nous autres*,
avec Raymond Lévesque, Manon Bernard et Claude Michaud

## 1967

*Ce monde est dangereux*,
*Bigaouette*,
avec Raymond Lévesque, Marie-Josée Longchamps et Claude Michaud

## 1968

*Option Lévesque*,
*Body Fly*,
avec Raymond Lévesque, Mariette Lévesque et Claude Michaud

## 1969

*La varloppe*,
avec Raymond Lévesque, Claude Michaud, Michel Maillot, Manon Bernard et Gilles Fecteau

*Twist la bacquaise*,
avec Raymond Lévesque, Mireille Lachance et Benoît Marleau

*Tabarnouche de show*,
avec Raymond Lévesque, Claude Michaud, Lyne Bourgeois et Benoît Marleau

## 1970

*Mosus que c'est plate*,
avec Raymond Lévesque, Lyne Bourgeois, Benoît Marleau et Claude Michaud

*Dix ans pas trop*,
avec Raymond Lévesque et Claude Michaud

## 1971

*Cellule Laurentide*,
avec Raymond Lévesque, Claude Michaud et Lise Thouin

*Viens pas polluer mon environnement*,
avec Raymond Lévesque, Claude Michaud, Georges Langford

## 1974

*Tharèse*,
avec Raymond Lévesque et Denise Guénette

Crédits photos

Jocelyn Chevalier : 122-123.

Jacques Forest : 130.

Ronald Labelle : 1 ; 6-7 ; 8-9 ; 10-11 ; 15 ; 18 ; 32 ; 34 ; 38-39 ; 56 ; 62 ; 63 à droite ; 66 ; 70 en bas ; 71 ; 77 à gauche ; 79 ; 82 en haut, à droite, et en bas, à droite ; 83 ; 84 ; 92 ; 99 ; 100 ; 102 ; 103 ; 105 ; 108 ; 109 ; 111 ; 119 ; 127 ; 133 ; 138.

Laurent Lavigne : 113.

Serge Otis : 81.

*Table*

Achevé d'imprimer
le sept octobre deux mille dix
au Québec (Canada)
pour le compte de VLB éditeur.